Anna Claybourne

PHÄNOMINT
WISSEN • FORSCHEN • STAUNEN

Mathespaß^2

84 geniale Spiele rund um Zahlen & Formen

mit Illustrationen von Amy Willcox

moses.

Die Originalausgabe erschien 2022 bei Arcturus Publishing Limited
26/27 Bickels Yard, 151–153 Bermondsey Street, London SE1 3HA

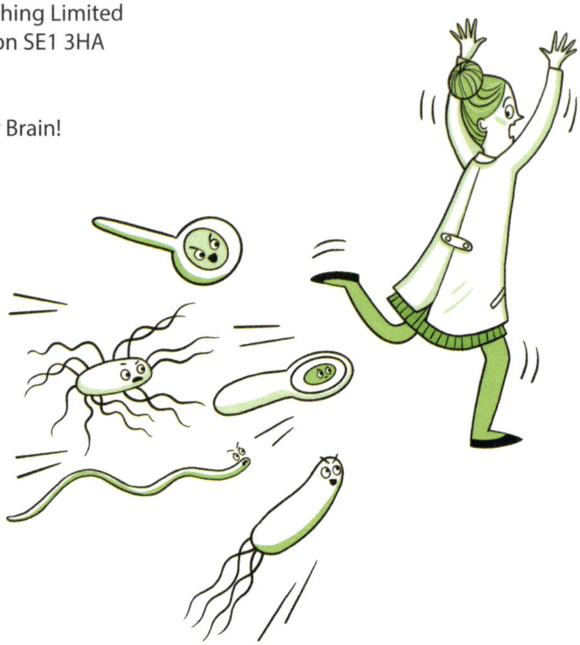

Autorin: Anna Claybourne
Illustratorin: Amy Willcox
Herausgeberin: Susie Rae
Designerin: Jeni Child
Design Managerin: Jessica Holliland
Editorial Manager: Joe Harris

2. Auflage 2025
moses. Verlag GmbH
Arnoldstraße 13d
47906 Kempen
Mail: info@moses-verlag.de
www.moses-verlag.de

Übersetzung aus dem Englischen: Sandra Kallmeyer, Julia Voigt
Lektorat: Franziska Johanna Priemer
Satz: Weiß-Freiburg GmbH — Grafik und Buchgestaltung
Umschlaggestaltung: Melanie Dahmen
Herstellung: Nicole Bienia
Redaktion: Geesche Oetken

ISBN: 978-3-96455-320-1

Printed in Turkey.

FSC www.fsc.org
MIX
Papier | Fördert gute Waldnutzung
FSC® C043979

Druckprodukt mit finanziellem
Klimabeitrag
ClimatePartner.com/14161-2001-1001

INHALT

EINLEITUNG

Willkommen in diesem Buch voller kniffliger Mathespiele, Aufgaben, Herausforderungen und vielen anderen Dingen, die du tun kannst. Aber bevor wir loslegen … Worum geht es eigentlich?

Damit es sich rechnet!

Wie du weißt, ist Mathematik ein Schulfach und kann auch studiert werden – von Expertinnen und Experten, die ihr Leben gerne damit verbringen, knifflige Rechenaufgaben zu lösen.

Aber Mathe ist viel mehr als das!

Die Mathematik müssen wir aus gutem Grund in der Schule lernen – sie spielt in unserem Alltag eine wichtige Rolle. Du brauchst immer Zahlen, wenn du …

… dich zum Spielen verabreden willst.

… du dich orientieren musst.

… nach Rezept kochen möchtest.

… du etwas Großes oder auch Kleines baust.

… du dir etwas von deinem Geld kaufen willst.

… du bei Unwohlsein Fieber messen musst.

… und für noch vieles mehr!

Die Welt der Zahlen

Mathematik ist ein wichtiger Teil von Wissenschaft und Technik. Wir brauchen sie, damit alles funktioniert – von Flugzeugen und Raketen über Wettervorhersagen, den Bau von Wolkenkratzern und Brücken, die nicht zusammenbrechen, bis zur Sicherstellung, dass Menschen genau die richtige Menge an Medikamenten einnehmen.

Wenn wir Mathe nicht einsetzen würden, um all diese Dinge richtig zu machen, wäre das eine Katastrophe!

Viel Spaß!

Mathematik ist nicht nur wichtig – sie kann auch richtig Spaß machen! Und noch lustiger wird sie mit den Spielen, die du in diesem Buch findest.

Unter der Überschrift „Was steckt dahinter?" erfährst du die Logik hinter Spiel und Spaß.

Es gibt …

… Spiele, für die du nur ein Blatt Papier und einen Stift brauchst.

… Spiele, die dir eine lange Fahrt verkürzen.

… Gruppenspiele, die du auf einer Party, mit deiner Schulklasse oder mit Freundinnen und Freunden spielen kannst.

… Spiele für dich alleine, für zwei oder für mehrere Personen.

Bereit zum Spielen? Hier geht's lang!

NIM

Die Spiele in diesem Kapitel eignen sich für zwei Personen. Viele von ihnen gibt es schon seit Hunderten oder tausenden von Jahren. Es geht los mit einem Klassiker – dem Nim-Spiel.

Spielablauf

1. Lege die Spielsteine in vier Reihen, so wie hier abgebildet:

1, 3, 5 und 7 ergeben zusammen 16!

Du brauchst:

- einen ebenen Untergrund
- 16 gleiche oder ähnliche Gegenstände, wie zum Beispiel Münzen, Murmeln oder Bonbons!

2 Alle nehmen abwechselnd einen oder mehrere Spielsteine aus einer Reihe auf. Die Anzahl ist egal, jedoch müssen die Steine bei einem Zug alle aus der gleichen Reihe sein.

3 Gewonnen hat die Person, die den letzten Spielstein aufnimmt. Das war's auch schon – mehr Regeln gibt es nicht!

Was steckt dahinter?

Mathematiker und Mathematikerinnen beschäftigen sich schon lange mit dem Nim-Spiel. Wenn du es ein paar Mal gespielt hast, merkst du, wie du die Entscheidungen der Gegenseite beeinflussen kannst.

Versuche doch mal das!

Von Nim gibt es viele Varianten. Es kann mit unterschiedlich vielen Spielsteinen und Reihen gespielt werden, zum Beispiel mit 12 Spielsteinen in drei Reihen.

Man kann es auch so spielen, dass die Person, die den letzten Spielstein nimmt, nicht gewinnt, sondern verliert.

HEX

Für dieses spannende Spiel brauchst du ein besonderes Brett, das aus Sechsecken besteht.

Vorbereitung

1. Hex wird üblicherweise auf einem rautenförmigen Brett mit 11 × 11 Hexagonen gespielt. Zwei gegenüberliegende Seitenlinien haben eine andere Farbe, als die beiden anderen. Das sieht so aus:

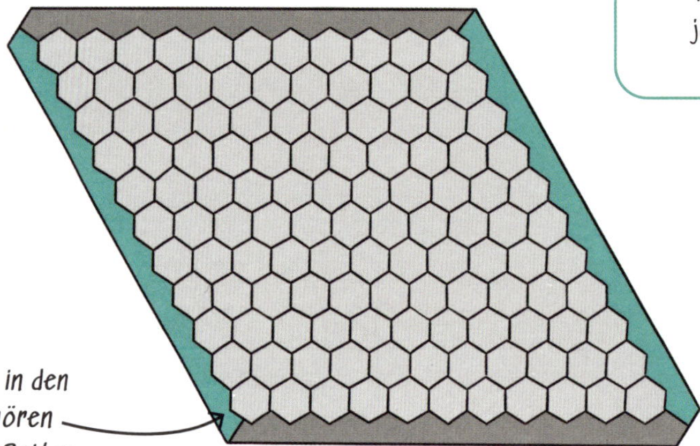

Die vier Hexagone in den Ecken gehören zu beiden Seiten.

Du brauchst:

- ein Hex-Brett (siehe links)
- kleine Spielsteine in zwei verschiedenen Farben, jeweils 25 Stück

Zur Erinnerung: Ein Hexagon hat sechs Seiten.

2. Du kannst diese Vorlage kopieren und dir damit auf Pappe ein Hex-Brett basteln. Wenn du einen Computer und einen Drucker hast, kannst du auch online ein leeres Hex-Brett finden und es dir einfach ausdrucken.

3. Du brauchst kleine Steine in zwei unterschiedlichen Farben, die auf die Felder passen. Wenn du keine fertigen Spielsteine aus Plastik hast, schneide dir 2 × 25 Stück aus Pappe aus.

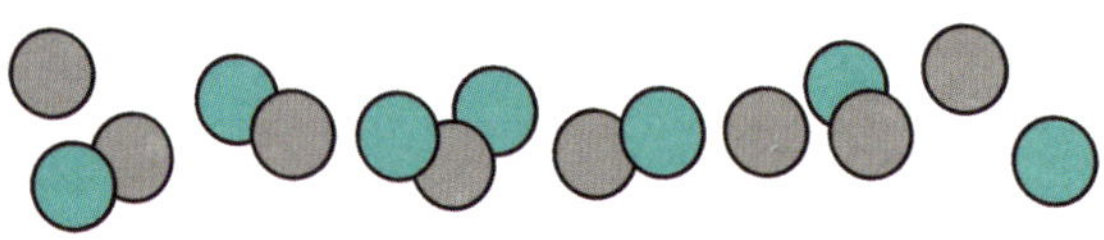

Spielablauf

4 Jede Person entscheidet sich für eine Farbe und setzt sich an die zu ihren Steinen farblich passende Seite des Bretts.

5 Dann legen beide abwechselnd einen Stein ihrer Farbe irgendwo auf das Brett. Ziel ist es, eine Kette aus den eigenen Steinen über das gesamte Spielfeld zu bilden und dabei die beiden Seitenlinien der eigenen Farbe zu verbinden.

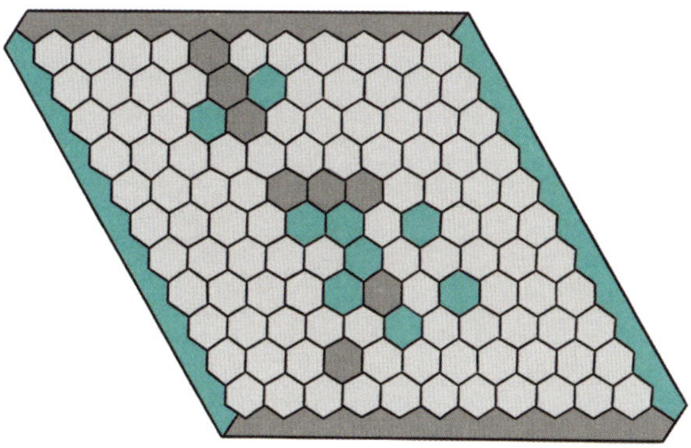

Was steckt dahinter?

Hex ist kein sehr altes Spiel. Es wurde in den 1940er-Jahren erfunden, also vor weniger als 100 Jahren. Zwei Mathematiker, Piet Hein und John Nash, kamen unabhängig voneinander auf dieselbe Idee. Hex ist knifflig, weil man nicht nur versucht, seine eigene Kette zu bilden, sondern auch gleichzeitig, die Gegenseite zu blockieren.

GROßARTIGE Mathegenies denken ähnlich!

ZWEI SPIELE MIT MÜNZEN

Für diese Spiele brauchst du nur eine große Anzahl Münzen oder Spielsteine und zwei Personen. Für das erste Spiel musst du auch etwas über Quadratzahlen wissen.

Eine Quadratzahl ist eine Zahl, die ein Quadrat bilden kann!

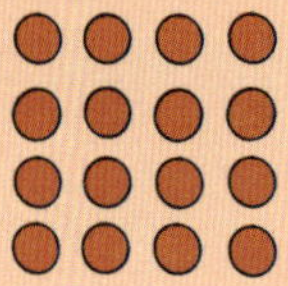

Zum Beispiel ist 4 eine Quadratzahl:

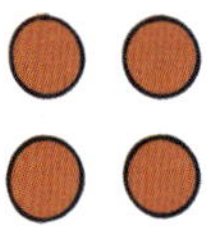

Und 9 ebenfalls:

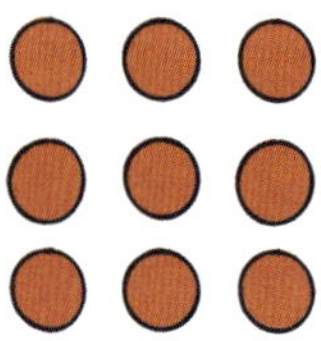

Alle Quadratzahlen sind das Ergebnis der Multiplikation mit sich selbst, z. B. 9 = 3 × 3.

Diese Liste der ersten Quadratzahlen solltest du beim Spielen zur Hand haben:

1	(1 × 1)
4	(2 × 2)
9	(3 × 3)
16	(4 × 4)
25	(5 × 5)
36	(6 × 6)
49	(7 × 7)
64	(8 × 8)
81	(9 × 9)
100	(10 × 10)

1 ist auch eine Quadratzahl!

NIMM-EIN-QUADRAT

1. Lege einen Haufen mit einer beliebigen Anzahl Münzen auf den Tisch. Dann spielt ihr abwechselnd.

2. Wenn du dran bist, musst du eine Quadratzahl an Münzen wegnehmen. Du kannst also 1, 4, 9 oder 16 Münzen nehmen – oder sogar 100, wenn genug da sind.

Die Person, die die letzte Münze nimmt, hat gewonnen.

Was steckt dahinter?

Sind weniger als 20 Münzen übrig, ist Strategie gefragt. Wenn es dir gelingt, dass beim letzten Zug der Gegenseite nur noch 2 Münzen da sind, muss sie eine nehmen – und du gewinnst.

MÜNZHAUFEN

Dieses Spiel ist ähnlich, aber du hast zwei Münzhaufen statt einem.

1. Teile die Münzen in zwei Haufen auf. Diese müssen nicht gleich groß sein.

2. Auch bei diesem Spiel nehmen zwei Personen abwechselnd Münzen weg, aber die Regeln sind etwas anders:
   - Nimm von einem oder beiden Haufen beliebig viele Münzen.
   - Wenn du Münzen von beiden Haufen nimmst, muss es bei jedem Haufen die gleiche Anzahl sein.
   - Gewonnen hat, wer die letzte Münze nehmen kann.

REVERSI!

Dieses Spiel gibt es in vielen Varianten, und es hat unterschiedliche Namen. Möglicherweise ist es schon tausend Jahre alt. In jüngerer Zeit wurden neue Versionen erfunden, bekannt als Othello und Reversi.

Vorbereitung

1 Das Spielfeld besteht aus 8 × 8 Feldern, also aus insgesamt 64 Feldern. Mit einem Bleistift und einem Lineal kannst du das Spielfeld leicht auf Papier oder Pappe aufzeichnen – oder du druckst dir eine Vorlage aus dem Internet aus.

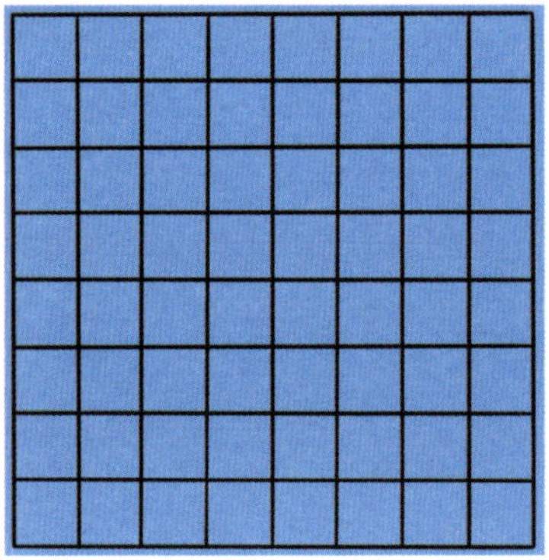

Du brauchst:

- Papier oder Pappe
- Lineal
- Bleistift
- Schere
- Klebstoff

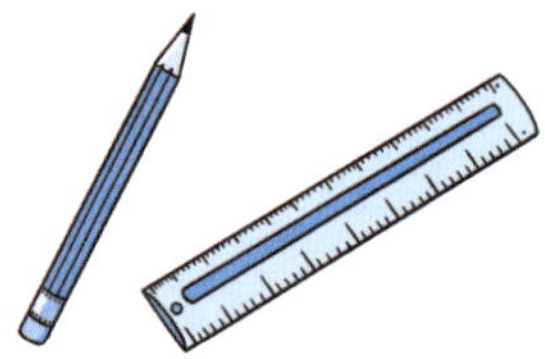

2 Außerdem brauchst du 64 Spielsteine. Jeder Spielstein muss eine schwarze und eine weiße Seite haben (du kannst auch andere Farben wählen).

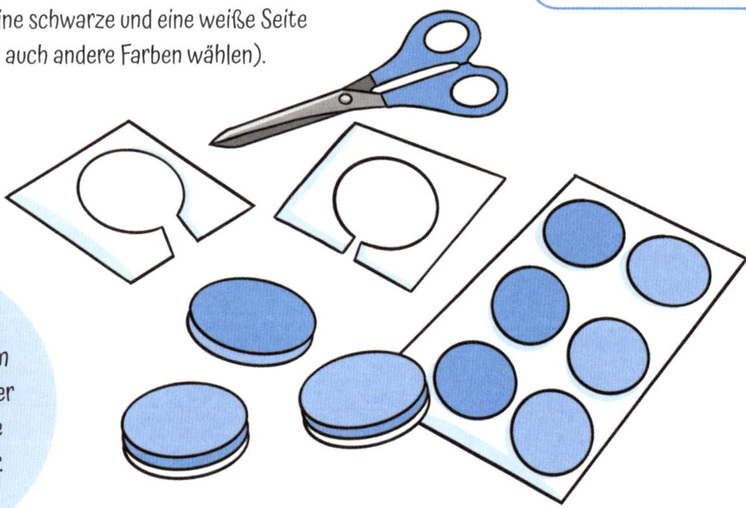

Schneide aus weißem und schwarzem Papier Kreise aus und klebe sie dann aneinander.

3 Alle entscheiden sich zwischen Schwarz und Weiß und setzen abwechselnd einen Spielstein in ihrer Farbe auf das Spielfeld.

Spielablauf

4 Zu Beginn des Spiels müssen die ersten vier Steine auf die mittleren vier Felder des Spielfeldes gesetzt werden:

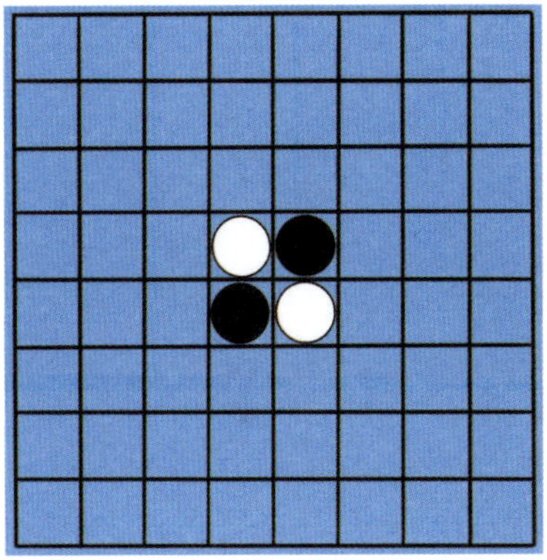

5 Danach musst du bei jedem Zug einen oder mehrere Spielsteine der Gegenseite in einer geraden Linie (vertikal, horizontal oder diagonal) mit deinen Steinen einschließen. Zum Beispiel so:

6 Dann drehst du den „gefangenen" Stein um, damit er deine Spielfarbe bekommt.

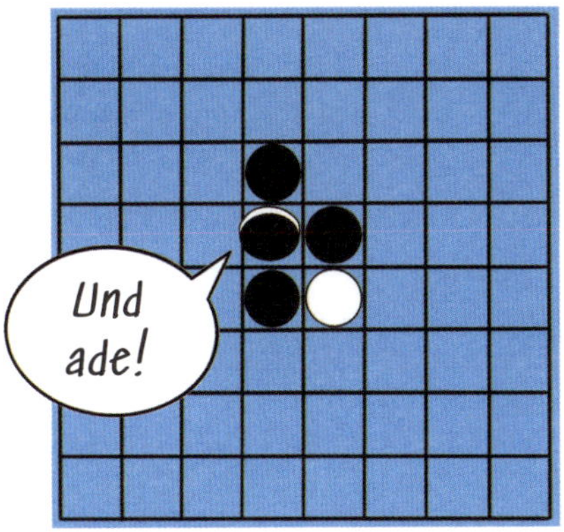

7 Ist kein Setzen möglich, verfällt der Zug. Wenn niemand einen Stein setzen kann, ist das Spiel zuende.

Gewonnen hat die Person, die am Ende die meisten Steine ihrer Farbe auf dem Spielfeld hat.

Was steckt dahinter?

Jeder eingeschlossene Spielstein wird umgedreht. Während eines Spiels kann ein Stein auch mehrmals umgedreht werden. Versuche also immer, eine möglichst lange Reihe der Gegenseite einzuschließen.

KEGELSPIEL

In diesem Spiel geht es darum, eine Reihe Kegel (oder ähnliche Gegenstände) zu Fall zu bringen – und dafür brauchst du weder eine Bowling- oder Kegelbahn noch eine Kugel!

1 Stelle die Kegel in einer Reihe auf. Du kannst auch andere Gegenstände wie Dominosteine oder Papprollen verwenden.

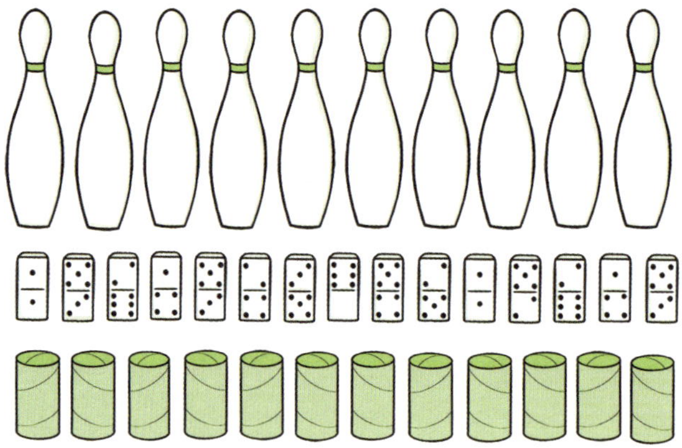

Die Anzahl spielt keine Rolle – aber je mehr es sind, desto länger dauert das Spiel!

Du brauchst:

- mehrere Kegel, Dominosteine oder Papprollen

2 Zwei Personen werfen abwechselnd Kegel um. Wenn du dran bist, kannst du einen oder zwei nebeneinander stehende Kegel umwerfen.

3 Gewonnen hat, wer den letzten Kegel umwirft!

Was steckt dahinter?

1908 erfand der englische Mathematiker Henry Dudeney dieses Spiel und nannte es Kayles. Es ist ein weiteres Spiel mit einfachen Regeln, das eine clevere Strategie erfordert. Um zu gewinnen, brauchst du am Ende noch einen oder zwei stehende Kegel.

15 STEINE

Dieses Rätselspiel spielst du auf Papier.

1. Zeichne 15 Steine auf ein Blatt Papier.

Du brauchst:

- Papier
- Bleistift
- Filzstifte oder Buntstifte in zwei Farben

2. Jede Person entscheidet sich für eine Farbe, um die Steine anzumalen. In diesem Beispiel sind es Silber und Grün.

3. Wenn du an der Reihe bist, kannst du einen, zwei oder drei Steine anmalen. Ziel ist es, am Ende eine ungerade Anzahl Steine zu haben – KEINE gerade Anzahl.

4. Wenn alle Steine angemalt sind, zählt ihr, wie viele es in jeder Farbe gibt. Wer die ungerade Anzahl hat, hat gewonnen!

Silber gewinnt!

CODE KNACKEN

In diesem Spiel bist du ein Spion bzw. eine Spionin und musst einen Code knacken, um die Geheimzahl der Gegenseite herauszufinden.

Du brauchst:

- Schreibblock
- Papier
- Lineal

Spielablauf

1. Person 1 denkt sich eine vierstellige Zahl aus, z. B. 2873. Diese schreibt sie auf, ohne dass die Gegenseite sie sieht.

Papier mit der richtigen Zahl einfach zusammenfalten.

2. Zeichne auf den Block ein Raster mit vier Spalten für die vier Ziffern, etwa so:

3. Person 2 muss nun die richtige Zahl erraten. Sie schreibt beliebige Zahlen zwischen 1 und 9 in die Felder.

4 Person 1 prüft nun den Tipp und markiert die Ziffern mit Symbolen.

Ein HAKEN √

... bedeutet richtige Ziffer an der richtigen Stelle.

Ein STERN *

... bedeutet richtige Ziffer an der falschen Stelle.

Und ein KREUZ auf der Ziffer X

... bedeutet komplett falsche Ziffer.

5 Mit diesem Wissen kann Person 2 jetzt weitere Vermutungen anstellen.

Die 8 bleibt, da sie vollkommen richtig ist.

Die 7 bleibt, muss aber an eine andere Stelle.

Die 4 und die 5 werden verworfen, weil sie falsch sind. Stattdessen müssen andere Ziffern gesucht werden.

Die Lösung naht! Die 6 ist falsch, aber die 8 und die 7 sind jetzt an den richtigen Stellen. Zudem gibt es eine 2, aber ihre Stelle ist noch falsch.

6 Person 1 markiert die Ziffern wieder mit den Symbolen und Person 2 rätselt weiter, bis sie die Lösung hat!

Jetzt wechselt ihr die Rollen. Gewonnen hat die Person, die den Code mit den wenigsten Versuchen geknackt hat.

Was steckt dahinter?

Bei diesem Spiel gewinnt man, wenn man alle bisherigen Ziffern berücksichtigt. Rate nicht einfach drauf los, sondern nutze jeden Hinweis!

PRIM-PIRSCH

Prim-Pirsch ist ein Kartenspiel, bei dem du Jagd auf Primzahlen machst.

Vorbereitung

1. Für dieses Spiel brauchst du ein Satz Spielkarten, die von 1 bis 50 durchnummeriert sind. Schneide dazu Rechtecke aus Pappe aus und schreibe die Ziffern darauf. Du kannst die Ziffern auch auf alte Spielkarten schreiben!

Du brauchst:

- Pappe oder einen Satz alte Spielkarten
- Schere
- Filzstift

2. Bei Prim-Pirsch geht es um Primzahlen. Das sind Zahlen, die nur durch sich selbst und durch 1 teilbar sind.

1	**2**	**3**	4	**5**	6	**7**	8	9	10
11	12	**13**	14	15	16	**17**	18	**19**	20
21	22	**23**	24	25	26	27	28	**29**	30
31	32	33	34	35	36	**37**	38	39	40
41	42	**43**	44	45	46	**47**	48	49	50
51	52	**53**	54	55	56	57	58	59	60
61	62	63	64	65	66	**67**	68	69	70
71	72	**73**	74	75	76	77	78	**79**	80
81	82	**83**	84	85	86	87	88	**89**	90
91	92	93	94	95	96	**97**	98	99	100

Zwischen 1 und 100 gibt es 25 Primzahlen. Hier siehst du sie alle auf einen Blick.

Spielablauf

3. Teile die Karten verdeckt auf zwei Stapel auf. Abwechselnd drehen beide von ihrem Stapel je eine Karte um und legen sie in die Mitte.

4. Wer zuerst „PRIMZAHL" ruft, sobald eine zu sehen ist, darf den Stapel aufnehmen.

5. Wenn eine Person keine Karten mehr hat, ist das Spiel zuende – die andere Person hat gewonnen!

Was steckt dahinter?

Primzahlen sind ein großes Rätsel der Mathematik. Es gibt unendlich viele, und niemand kann ein Muster erkennen. Erkennst du bei den Zahlen rechts ein Muster?

EINMALEINS-PIRSCH

Verwende die gleichen Spielkarten für dieses Spiel.

1 In diesem Spiel jagst du nicht Primzahlen, sondern Zahlen des kleinen Einmaleins. Vor Spielbeginn wählt ihr eine Reihe, zum Beispiel die 5-er Reihe.

$1 \times 5 = 5$
$2 \times 5 = 10$
$3 \times 5 = 15$
$4 \times 5 = 20$
$5 \times 5 = 25$
$6 \times 5 = 30$
$7 \times 5 = 35$
$8 \times 5 = 40$
$9 \times 5 = 45$
$10 \times 5 = 50$

2 Wenn eine Zahl aus der 5-er Reihe des Einmaleins abgelegt wird, - zum Beispiel 25 - darf die Person, die sie zuerst ausruft, den gesamten Stapel aufnehmen.

Versuche doch mal das!

Zu leicht? Spiele das Spiel bis 100!

WÜRFELDUELL

Ich fordere dich zu einem Duell heraus – zu einem Würfelduell!

Du brauchst:

- Pappe oder eine alte Müslischachtel
- Lineal
- Filzstift oder Bleistift
- Schere
- 2 Würfel
- Tablett

Vorbereitung

1. Schneide aus Pappe oder einer alten Schachtel 22 Rechtecke aus, um zwei Kartensätze zu erhalten. Schreibe in dicker Schrift die Zahlen 2 bis 12 darauf.

Jede Person bekommt 11 Karten, die von 2 bis 12 nummeriert sind.

Spielablauf

2. Jede Person legt ihre Karten in einer Reihe vor sich und nimmt sich einen Würfel.

3. Zählt bis 3 und würfelt dann beide in das Tablett hinein (so bleiben die Würfel auf dem Tisch).

4 Zähle ganz schnell die Augen zusammen. Wenn ihr zum Beispiel eine 2 und eine 5 gewürfelt habt, ist die Summe 7.

5 Versuche, als erste Person die Sieben von deinen Karten zu nehmen und auf das Tablett zu werfen.

6 Wenn die Gegenseite zuerst die Sieben wirft, musst du deine Karte wieder zurücknehmen.

7 Wirft eine Person die falsche Karte, muss sie sie wieder zurücknehmen. Hat die Gegenseite z. B. die Sechs geworfen, gewinnst du mit deiner Sieben die Runde, auch wenn du langsamer warst. Wer schneller ist UND die richtige Karte auf das Tablett wirft, darf diese Karte beiseite legen.

8 Spielt so lange weiter, bis eine Person keine Karten mehr vor sich hat – dann hat sie gewonnen!

Merke dir …

Während des Spiels werden deine Karten immer weniger. Wenn eine Sieben gewürfelt wird und du keine Sieben mehr hast, kannst du diese Runde keine Karte werfen. Deine Gegenseite hat aber vielleicht noch ihre Sieben.

Was steckt dahinter?

Je weniger Karten, desto geringer die Chance, dass die Würfel eine Zahl ergeben, die man noch spielen kann – ein spannendes Finale!

MÜHLE

**Mit dem Spiel Mühle machst du einen Ausflug ins Alte Rom!
Die Menschen im Alten Rom liebten dieses Spiel, und es ist nach wie vor sehr bekannt und beliebt.**

Vorbereitung

1. Übertrage dieses Muster vom Spielbrett auf ein Stück Papier oder Pappe.

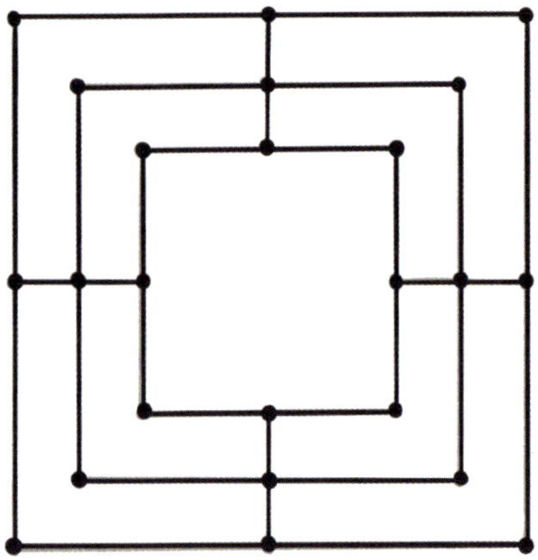

2. Du brauchst zudem einige Spielsteine – neun schwarze und neun weiße. Du kannst sie aus Pappe herstellen oder Spielsteine verwenden.

Du brauchst:

- Papier oder Pappe
- Stift
- Schere
- 9 weiße Spielsteine
- 9 schwarze Spielsteine

Spielablauf

3. Entscheidet euch, wer Schwarz und wer Weiß spielt.

4. Zu Beginn des Spiels setzt ihr abwechselnd eure Steine auf die Punkte des Spielbretts.

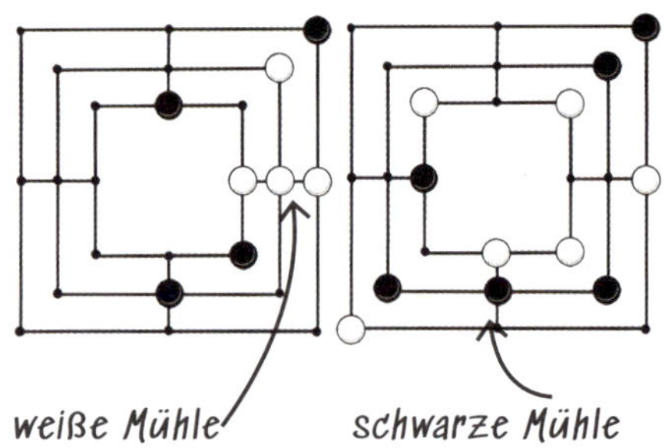

Ziel ist es, dass du drei Steine in deiner Farbe nebeneinander in einer Linie liegen hast – das nennt man eine „Mühle".

5 Wenn du eine Mühle schließt, kannst du einen Stein der Gegenseite aus dem Spiel nehmen. Du darfst keinen Stein aus einer Mühle nehmen, es sei denn, es gibt keine anderen mehr.

6 Sind alle Steine gesetzt, zieht man abwechselnd die Steine. Du darfst keine Steine überspringen oder zwischen den Linien wechseln, sondern nur entlang einer Linie von einem noch freien Punkt zum nächsten ziehen.

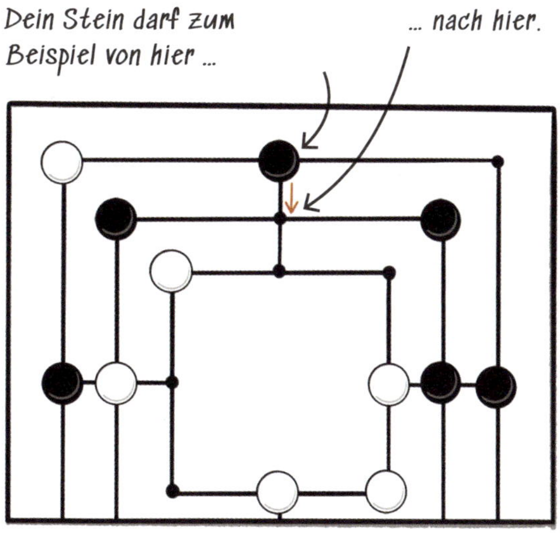

7 Versuche mit jedem Zug weitere Mühlen zu bilden. Jedes Mal wenn du eine Mühle geschlossen hast, darfst du einen Stein der Gegenseite aus dem Spiel nehmen.

8 Das Spiel ist zuende, wenn eine Person nur noch zwei Steine hat – oder wenn keine mehr eine Mühle bilden kann. Die Person mit den meisten verbliebenen Steinen hat gewonnen.

Nine Men's Morris

Im Englischen heißt das Spiel „Nine Men's Morris". Der Name könnte vom traditionellen Volkstanz Morris abgeleitet sein, oder auch vom lateinischen Wort „merellus" für Spielfigur.

REBELLENARMEE

Dieses Spiel für zwei Personen kommt ursprünglich aus China. Eine Person ist der General, die andere die Rebellenarmee.

Vorbereitung

1. Das Spielfeld für dieses Spiel besteht aus 16 Quadraten, in denen sich diagonale Linien befinden. Fertige dir eine Kopie dieser Vorlage an.

2. Du brauchst zudem 16 weiße Spielsteine für die Rebellenarmee und 1 schwarzen Spielstein für den General. Nimm vorhandene Spielsteine oder bastle dir Spielfiguren aus Papier.

Du brauchst:

- Papier oder Pappe
- Filzstift oder Bleistift
- 16 weiße Spielsteine und 1 schwarzen Spielstein (oder andere Farben deiner Wahl)

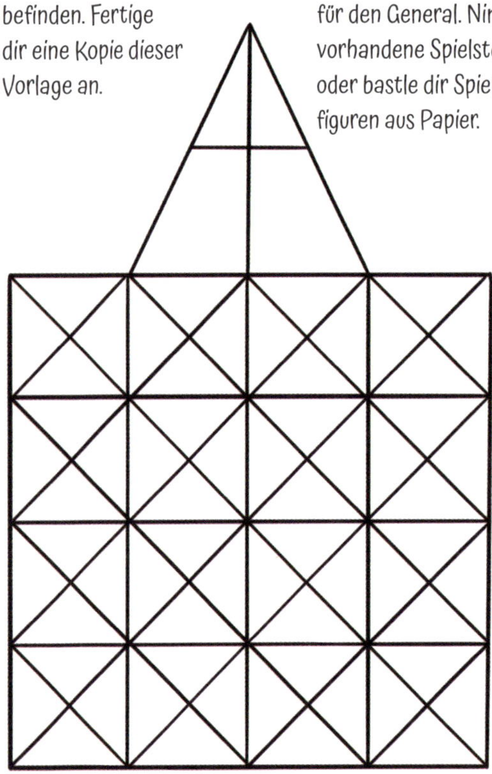

Lege die Spielsteine wie unten abgebildet auf das Spielfeld. Das Dreieck oben ist das Versteck des Generals. Nur er kann es betreten.

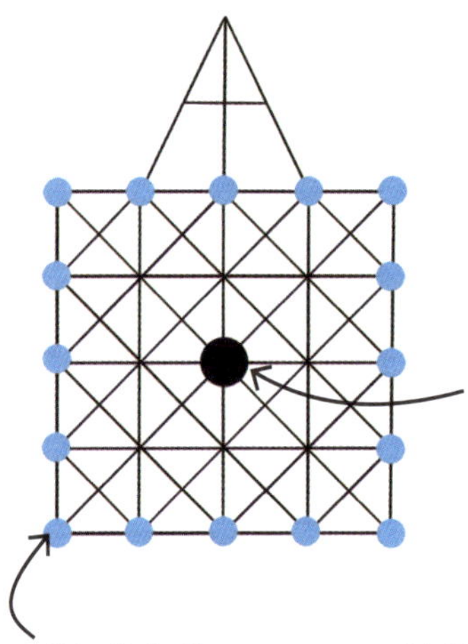

Spielablauf

3 Ihr zieht abwechselnd einen Stein entlang einer Linie auf ein freies Feld.

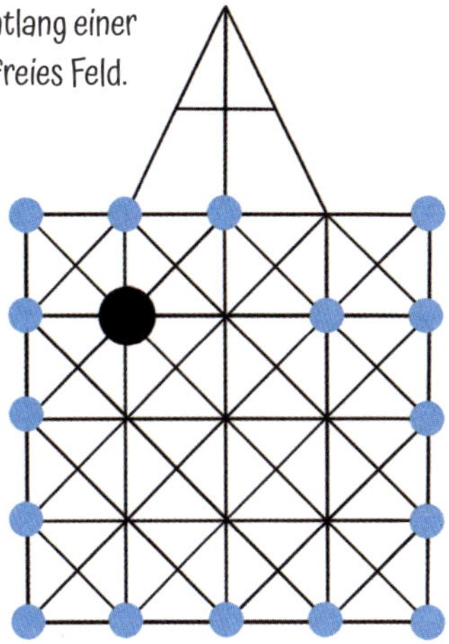

Man darf nur einmal ziehen. Der General hat nur einen Spielstein zum Ziehen, die Gegenseite kann einen der 16 Rebellen ziehen.

4 Die Rebellen haben zum Ziel, den General zu umzingeln, sodass er nicht mehr ziehen kann.

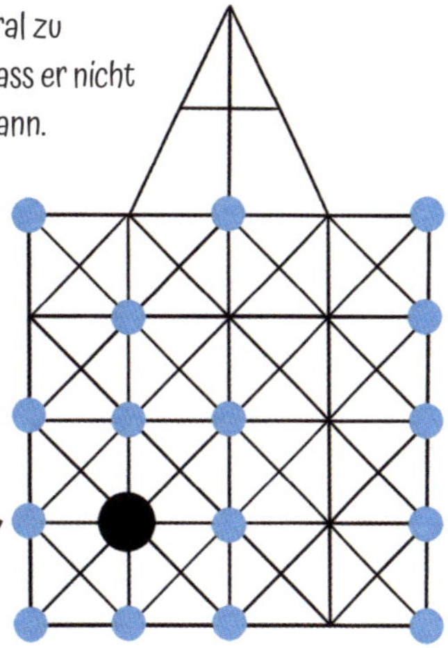

Der General kann umzingelt oder an den Rand gedrängt werden.

5 Der General fängt Rebellen, indem er auf einen freien Punkt zwischen zwei Rebellen zieht, etwa so:

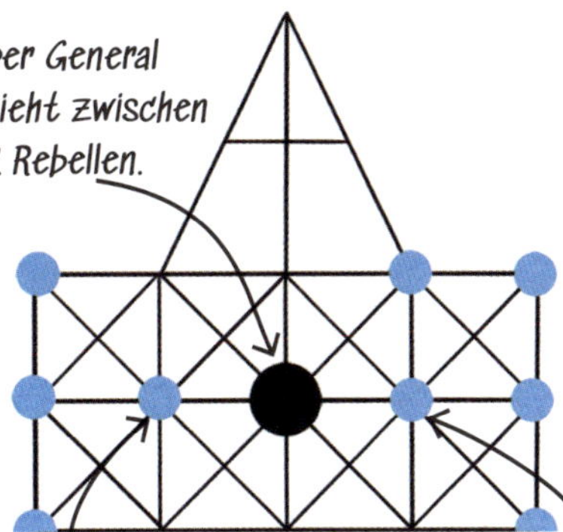

Der General zieht zwischen 2 Rebellen.

Er nimmt beide Rebellen gefangen und entfernt sie vom Spielfeld!

6 Bist du der General, gibt es zwei Wege, zu gewinnen:

ENTWEDER:
Fliehe zur Spitze des Dreiecks in dein Versteck. Die Rebellen können nur gewinnen, wenn sie die drei Punkte an der Basis des Dreiecks belegen.

ODER:
Nimm so viele Rebellen gefangen, dass sie dich nicht mehr umzingeln können.

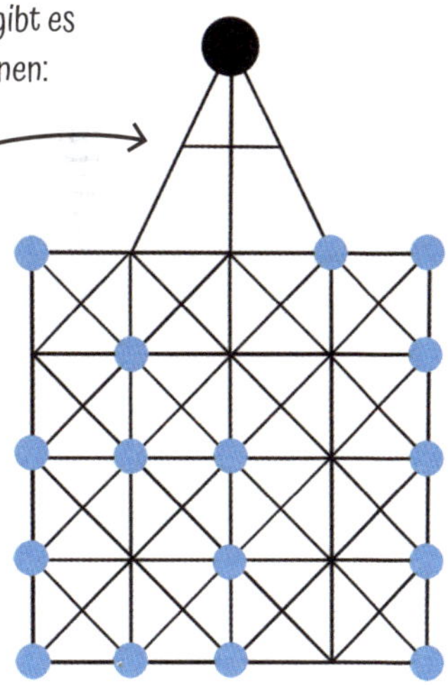

Was steckt dahinter?

Es klingt unfair, dass der General nur eine Spielfigur hat. Aber da er andere schlagen kann, ist es durchaus möglich, dass er gewinnt. Probiere es einfach mal aus!

WÜRFELGLÜCK

Würfel braucht man für viele Spiele und du kannst mit ihnen auch geniale Mathespiele spielen! Für den Anfang haben wir ein ganz simples, aber sehr kniffliges Spiel mit nur einem Würfel für dich.

Spielablauf

1. Du würfelst mehrmals, schreibst nach jedem Wurf die Punkte auf und addierst sie. Ziel ist es, eine möglichst hohe Summe zu erreichen.

Du würfelst zum Beispiel diese Zahlenfolge:

... und so weiter.

Du brauchst:

- einen Würfel
- Blatt Papier
- Stift
- Stoppuhr

Du kannst allein spielen oder einen Wettkampf veranstalten.

ABER – es gibt einen Haken!

2. Würfelst du eine Eins, musst du aufhören zu addieren und wieder von vorne anfangen.

Mit steigender Punktzahl wird es immer riskanter, weiterzumachen.

Es wird kniffliger!

GEGEN DIE ZEIT

3 Um gegen die Zeit zu spielen, stelle die Stoppuhr auf drei Minuten und lege los!

4 Wenn die Zeit um ist, ist die Summe, die du in dem Moment hast, dein Ergebnis. Bleibst du bei einer guten Punktzahl wie 28? Oder gehst du das Risiko ein, sie zu erhöhen?

5 Wenn du gegen andere spielst, beginnen alle gleichzeitig mit der Stoppuhr. Ihr könnt auch in Zweierteams mit einer würfelnden und einer zählenden Person spielen. Jede Person oder jedes Team braucht einen Würfel, Stift und Papier.

Ganz schön hoch!

6 Es gewinnt die Person oder das Team mit der höchsten Summe, wenn die Stoppuhr ertönt!

Was steckt dahinter?

Die Wahrscheinlichkeit, eine Eins zu würfeln, ist bei jedem Wurf eins zu sechs. Um eine höhere Summe als 25 zu erreichen, brauchst du also sehr viel Glück. Probiere es aus!

FOLGENFINDER

Die Regeln dieses Spiels sind einfach: Finde das Muster in der Zahlenfolge. Löse zuerst die folgenden Rätsel, dann erfinde eigene, um deine Freundinnen und Freunde herauszufordern.

Beginne laut zu zählen, fange bei eins an ... JETZT!

Zählst du schon?
Was hast du gesagt?

War es:
1, 2, 3, 4, 5, 6, 7, 8, 9, 10 ... und so weiter? Hoffentlich!

Dies ist eine Zahlenfolge – eine Gruppe von Zahlen in einer bestimmten Reihenfolge. Genauer gesagt ist es die Folge ganzer Zahlen, die wir für alltägliche Dinge wie Hausnummern verwenden und die wir schon als Kinder kennen lernen. Es gibt aber auch andere Zahlenfolgen!

Spielablauf

1. Probiere, diese Zahlenrätsel zu lösen. Sie fangen ganz einfach an und werden dann immer schwieriger! Finde heraus wie die Reihenfolge funktioniert und ergänze die fehlenden Zahlen.

Hier ist ein Beispiel:

1	3	5	7	9		

Hast du es entdeckt? Du addierst immer zwei dazu. Die nächsten Zahlen sind also 11 und 13.

Hier ist noch eines:

8	11	14	17	20		

In dieser Folge addierst du jedes Mal drei. Die Lösung ist 23 und 26.

ETWAS SCHWIERIGER ...

Jetzt bist du auf dich allein gestellt! (Aber du findest die Lösungen am Ende des Buches.)

1)

1	2	4	8	16		

2)

1	4	9	16		

3)

1	2	4	7	11	16	22		

4)

0	1	1	2	3	5	8	13		

Es ist mathe-magisch!

Erfinde deine eigenen Zahlenfolgen!

Jetzt weißt du, wie es funktioniert und kannst dir eigene Zahlenreihen ausdenken, die jemand knacken kann. Zum Beispiel:

- *Zahlen, die nicht höher, sondern niedriger werden*
- *Zahlen, die multipliziert statt addiert werden*
- *Zahlen, die Brüche oder Dezimalzahlen verwenden*

Was steckt dahinter?

Es gibt Tausende solcher Folgen. Mathematiker und Mathematikerinnen spielen gerne mit ihnen und erfinden neue. Jede Folge hat eine Regel, z. B. „addiere 2" oder „addiere eins mehr als beim letzten Mal". Wenn du die Regel erkannt hast, kannst du die Zahlenreihe endlos fortsetzen!

BAKTERIEN-BOOM

Bakterien sind winzige Lebewesen mit jeweils nur einer Zelle. Manche machen krank, andere sind harmlos oder sogar hilfreich. Hier geht es darum, wie sie sich vermehren!

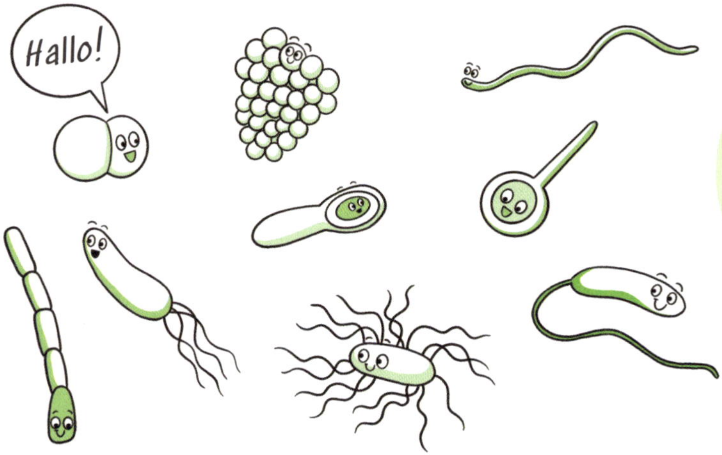

Probiere es selbst aus und bitte dann jemand anderen, die Lösung zu erraten.

1 Bakterien legen keine Eier und bekommen keine Babys. Sie vermehren sich, indem sich ein Bakterium in zwei teilt.

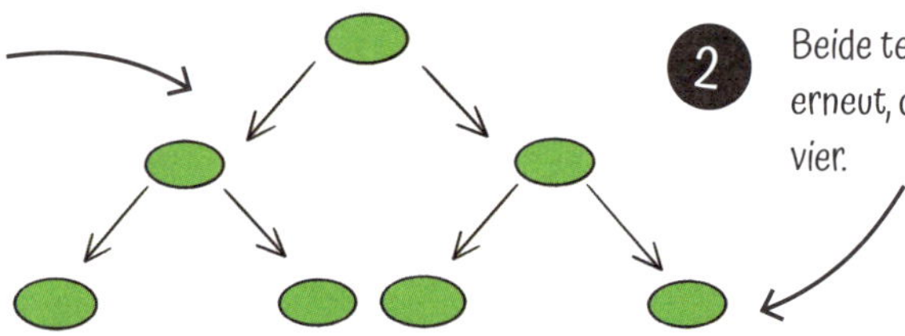

2 Beide teilen sich erneut, dann sind es vier.

3 Stelle dir vor, die Bakterien würden sich einmal am Tag vermehren.

Kommt dir das bekannt vor? Du erkennst vielleicht eine der Zahlenfolgen der vorherigen Seite. Gut beobachtet!

Am 1. Tag gäbe es ...	
Am 2. Tag gäbe es ...	
Am 3. Tag gäbe es ...	
Am 4. Tag gäbe es ...	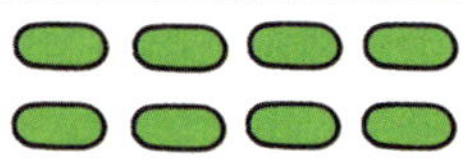
Am 5. Tag gäbe es ...	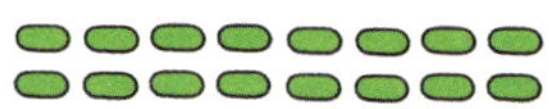

Wenn man nichts dagegen tut, gibt es irgendwann über eine Million Bakterien!

4 Wann denkst du, wird das passieren? Wenn es am ersten Tag nur ein Bakterium gibt, an welchem Tag wird dann die Millionengrenze (1.000.000) überschritten?

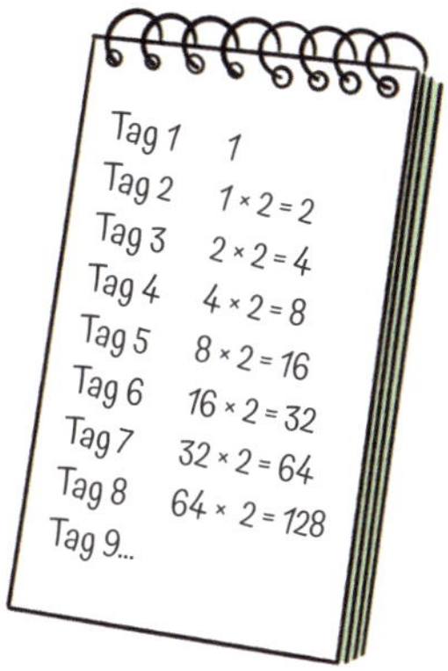

Am 100. Tag?
Am 365. Tag
(nach einem Jahr)?
Oder früher?

Rate den Tag und berechne ihn dann mit einem Taschenrechner.

Wann ist die Grenze von einer Million überschritten? Die Antwort könnte dich überraschen!

Was steckt dahinter?

Wenn du die Zahl jedes Mal verdoppelst, wächst sie erst langsam, schießt aber bald rasant in die Höhe! Am 21. Tag übersteigt sie 1 Million und am 31. Tag erreicht sie schon 1 MILLIARDE (1.000.000.000). Wachstum, das durch die Verdoppelung einer Zahl entsteht, nennen Mathematikerinnen und Mathematiker „exponentielles Wachstum".

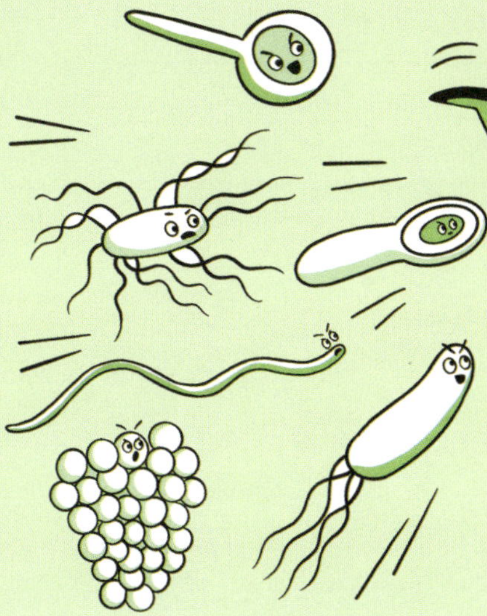

VERKEHRSPUNKTE

Dieses Spiel kannst du spielen, wenn du dich im Auto ein bisschen langweilst, eine Straße entlangläufst oder wenn du aus dem Fenster schaust!

Spielablauf

1 Für jedes rote Fahrzeug gibt es Punkte. Du kannst dir dein eigenes Punktesystem ausdenken oder dieses nehmen:

Auto	1 Punkt
Motorrad	2 Punkte
Lieferwagen	3 Punkte
Lkw	4 Punkte
Autotransporter (selten!)	10 Punkte

Du kannst allein oder mit anderen spielen (nur nicht mit der Person am Steuer - die muss sich konzentrieren!).

Du brauchst:

- nur deine Augen und dein Gehirn!

2 Immer wenn du ein rotes Fahrzeug siehst, zählst du die Punkte zum Punktestand dazu und merkst ihn dir. Versuche, eine bestimmte Zahl zu erreichen, bis du am Ziel bist, oder probiere einfach, wie hoch du kommst.

3 Wenn du mit anderen spielst, könnt ihr zusammen oder gegeneinander arbeiten. Dabei entscheidet sich jede Person, ob sie rote, blaue oder weiße Fahrzeuge entdecken will.

4 Jede Person achtet dann nur auf die eigenen Fahrzeuge und addiert die Punkte zu ihrer eigenen Punktzahl.

Dieses leichte Spiel eignet sich perfekt, um Kopfrechnen zu üben (also deine Fähigkeit, Gleichungen im Kopf zu berechnen!).

Vielleicht stellst du fest, dass einige Fahrzeugtypen VIEL häufiger vorkommen als andere. Was denkst du, warum das so ist?

Versuche doch mal das!

Erfinde ähnliche Spiele für Pflanzen oder Bäume auf einem Spaziergang, oder für Kieselsteine oder Muscheln am Strand.

SCHÄTZSUCHE

Dies ist keine Schatzsuche, sondern eine Schätzsuche!

Du kannst allein, gegen andere oder in Teams spielen – und das am besten drinnen.

Du brauchst:

- langes Stück Pappe oder Bindfaden
- Lineal oder Maßband
- Stift
- Schere

Spielablauf

1. Messe ein 1 m langes Stück Pappe oder Schnur ab und schneide es zu.

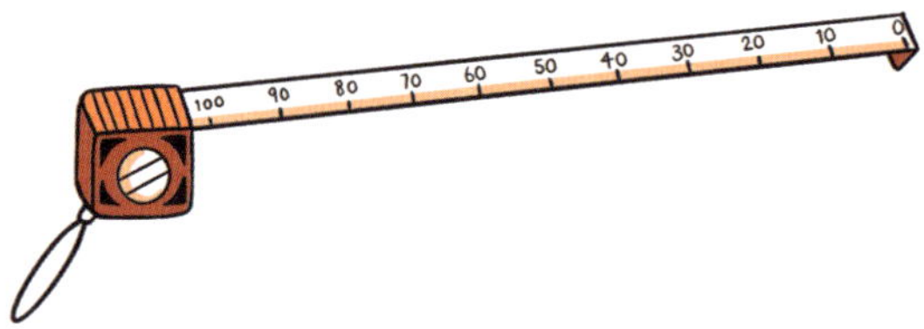

2. Jetzt beginnt die Schätzsuche! Jede Person (oder jedes Team) sammelt Dinge, von denen sie glaubt, dass sie zusammen möglichst genau 1 m lang sind. Ihr dürft sie aber nicht messen, sondern müsst schätzen.

Ihr dürft keine Dinge verwenden, auf denen Maße stehen, wie etwa ein Lineal. Das wäre Schummelei!

3. Legt die Gegenstände neben euer Metermaß und vergleicht, wer am nächsten dran ist.

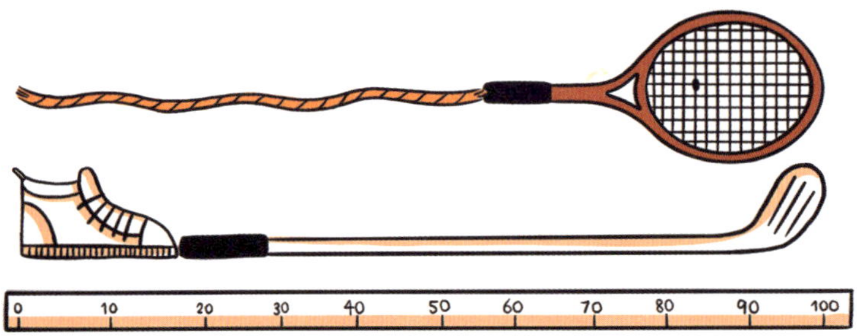

Was steckt dahinter?

Es ist schwierig, Längen richtig zu schätzen, aber nach ein paar Runden gelingt es immer besser!

SMOOTS

1958 beschlossen amerikanische Studenten, eine Brücke nahe ihrer Universität auszumessen. Aber statt eines Metermaßes benutzten sie ihren Freund Oliver Smoot!

Smoot legte sich hin und die anderen markierten seine Länge. Das wiederholten sie auf der ganzen Brücke. Sie war 364,4 Smoots lang!

Bis heute ist Oliver Smoots Körpergröße von 170 cm als „ein Smoot“ bekannt.

Spielablauf

1. Um Smoots zu spielen, wählst du einen Gegenstand oder eine freiwillige Person und schätzt, wie viele davon auf eine bestimmte Strecke (z. B. die Länge eines Zimmers) passen.

2. Schreibe deine Schätzung auf. Messe dann mit dem Gegenstand oder der Person nach, wie nah du dran warst!

BINÄR-RENNEN

Das Binärsystem ist ein Zahlensystem mit der Basis 2. Alle Zahlen lassen sich als eine Serie von Nullen und Einsen darstellen.

Meist nutzen wir das Dezimalsystem mit der Basis 10. Es hat 10 Zahlensymbole:

Basis 10

0	1	2	3	4	5	6	7	8	9

Das Binärsystem hat nur zwei Symbole:

Basis 2

0	1

Basis 10 nutzt die Symbole 0–9 und beginnt in der zweiten Spalte wieder bei 10.

Die Zahl 11 bedeutet zum Beispiel:

11	
10er	1er
• • • • • • • • • •	•
eine 10	eine 1
1	1

Basis 2 nutzt nur die Symbole 0 und 1 und verwendet die zweite Spalte, um die 2 darzustellen.

11	
2er	1er
• •	•
eine 2	eine 1
1	1

Bei der Basis 10 ist jede Spalte zehn Mal größer als die nächste Spalte.

1000er	100er	10er	1er

Bei der Basis 2 ist jede Spalte nur zwei Mal größer als die nächste Spalte.

8er	4er	2er	1er

Um eine Zahl als Binärzahl darzustellen, teilst du sie in diese Spalten ein. Zum Beispiel ist ...

	8er	4er	2er	1er	
5		• • • •		•	
		eine 4	keine 2	eine 1	
5 im Binärformat:		1	0	1	... oder 101

	8er	4er	2er	1er	
14	• • • • • • • •	• • • •	• •		
	eine 8	eine 4	eine 2	keine 1	
14 im Binärformat:	1	1	1	0	... oder 1110

Spielablauf

1. Schreibe die Binärspalten oben auf das Blatt, etwa so:

16er	8er	4er	2er	1er

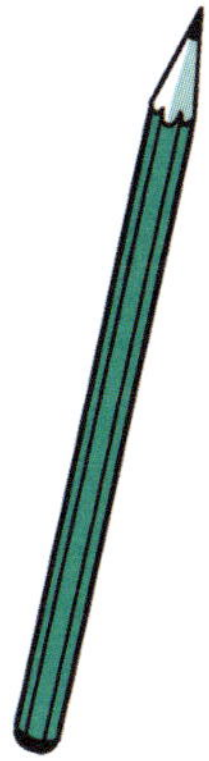

Jede Person braucht:

- 30 Münzen oder Spielsteine
- Stift
- Blatt Papier

2. Wähle eine Zahl von 1 bis 30. Jede Person nimmt sich diese Anzahl von Münzen.

Du kannst alleine spielen oder gegen jemanden antreten!

3. Auf „Los!" fangen alle an, die Münzen in die Spalten zu sortieren.

Wenn du so viele hast, lege 16 in die 16er-Spalte.
Wenn genug übrig sind, lege 8 in die 8er-Spalte.
Wenn nicht, gehe zur 4er-Spalte ... und so weiter.

4. Wenn alle Münzen aufgebraucht sind, schreibst du in jede Spalte eine 1 oder 0. Die Zahl 21 würde zum Beispiel so aussehen:

16er	8er	4er	2er	1er
●●●●● ●●●●● ●●●●● ●		●●●●		●
1	0	1	0	1

Die Dezimalzahl 21 ist im Binärformat 10101! Wer zuerst die Antwort weiß, bekommt 1 Punkt.

BINÄR-SALTO

Wenn du Binärzahlen kannst, probiere dieses rasante Spiel aus!

Spielablauf

Du brauchst:

- Pappe
- Stift
- Schere

1. Schneide für jede Person fünf Rechtecke aus einem Stück Pappe aus.
2. Zeichne nun Punkte auf die Rechtecke, und zwar so:

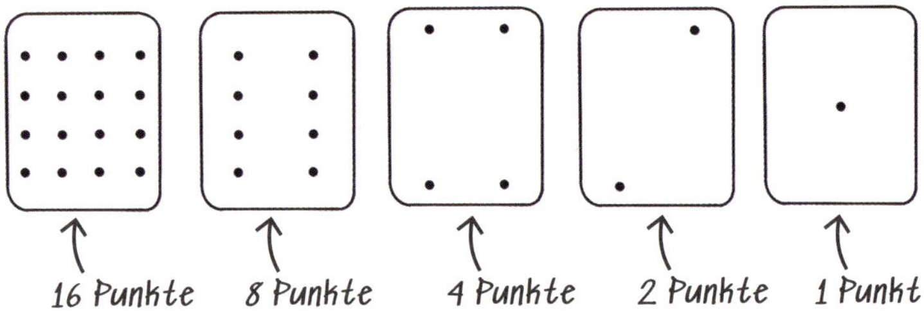

3. Ziel ist es, eine fünfstellige Binärzahl möglichst schnell in die Basis 10 umzuwandeln.

10101 11101 01010 11011 11111
10100 01101 11001 00101 00011

Du kannst diese Binärzahlen verwenden.

4. Lege deine Karten mit den Punkten nach oben in der richtigen Reihenfolge hin.
5. Ordne die Nullen und Einsen der Binärzahl den fünf Karten zu. Drehe alle Karten um, die eine Null bekommen.

   Für 10101 würdest du diese beiden Karten umdrehen:

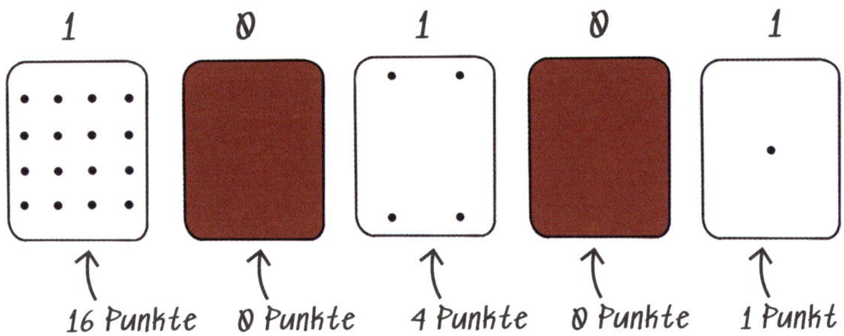

6. Addiere die Punkte und du erhältst die Zahl zur Basis 10.

$16 + 4 + 1 = 21$

Sobald du die Antwort weißt, rufe sie laut!

BINÄRER GEHEIMCODE

Schicke deinen Freundinnen und Freunden geheime Nachrichten mit binärem Computercode!

Computer verwenden Binärzahlen zum Rechnen. Dazu schalten sie den Stromfluss an und aus. 1 bedeutet an, und 0 bedeutet aus!

1 Computer verwenden achtstellige Binärzahlen (sogenannte ASCII-Zahlen) für die Buchstaben des Alphabets. Hier sind sie!

A:	01000001	J:	01001010	S:	01010010
B:	01000010	K:	01001011	T:	01010010
C:	01000011	L:	01001100	U:	01010101
D:	01000100	M:	01001101	V:	01010110
E:	01000101	N:	01001110	W:	01010111
F:	01000110	O:	01001111	X:	01011000
G:	01000111	P:	01010000	Y:	01011001
H:	01001000	Q:	01010001	Z:	01011010
I:	01001001	R:	01010010		

2 Um eine Nachricht zu verschlüsseln, ersetzt du jeden Buchstaben durch seine Binärzahl.

3 Schreibe sie in einer langen Reihe hintereinander auf.

0101001001010000010010010100111101001110010000010100011101000101

Eine Person, die den Code abfängt, sieht nur ein Gewirr von 0en und 1en!

4 Um die Nachricht zu entschlüsseln, teilt die Empfängerin oder der Empfänger die Zahlen in Achterblöcke …

01010010 / 01010000 / 01001001 / 01001111 / 01001110 / 01000001 / 01000111 / 01000101

… und sucht die passenden Buchstaben aus der Liste heraus!

01010010 = S / 01010000 = P / 01001001 = I / 01001111 = O / 01001110 = N / 01000001 = A / 01000111 = G / 01000101 = E

DAS PI-PROBLEM

Pi ist eine wichtige Zahl in der Mathematik, aber sie ist auch etwas seltsam.

Pi ist keine ganze Zahl wie 2, 4 oder 5, sondern liegt irgendwo zwischen 3 und 4. Noch seltsamer ist es, dass sie nie endet …

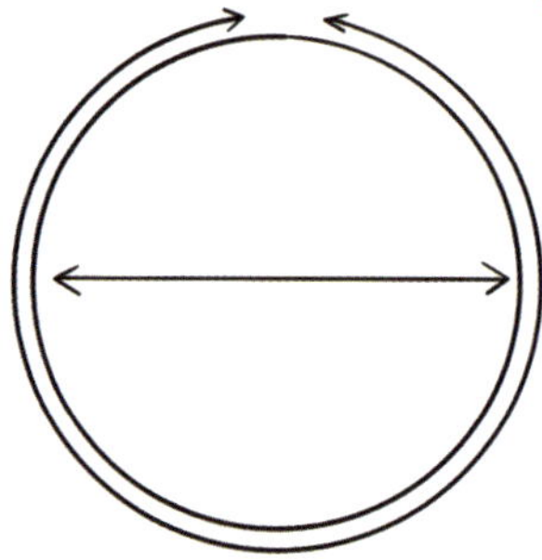

Was ist Pi?

Pi ist das Ergebnis einer einfachen Rechnung:

Der Umfang eines Kreises (die Länge des Randes)

… geteilt durch seinen Durchmesser (die Strecke durch die Mitte).

Schreibt man es auf, beginnt Pi so:

3.14159265358979323846264338327950288419716939937510 5

Mathematikerinnen und Mathematiker verwenden dieses Symbol zur Darstellung von Pi:

π

1. Präge dir so viele Ziffern wie möglich von Pi ein, indem du einen Satz bildest. Die Anzahl der Buchstaben in jedem Wort entspricht der jeweiligen Ziffer. Nur die 1 bleibt als 1 stehen, weil es kein Wort mit nur einem Buchstaben gibt.

2. Hier sind die ersten 10 Ziffern. Kannst du daraus einen Satz bilden?

3.141592653

Je merkwürdiger der Satz ist, desto besser merkst du ihn dir. Zum Beispiel:

Oma,	1	Tipp:	ein	rotes	Chamäleon	an	deinem	alten	Hut …
3.	1	4	1	5	9	2	6	5	3

3. Wie könnte der Satz weitergehen?

Wie viele Ziffern von Pi kannst du dir so merken?

PI-FÄDEN

Für dieses Spiel brauchst du nur Bindfaden, eine Schere, runde Gegenstände und Pi!

Wechsle dich mit Freundinnen und Freunden oder Familie ab. Wer kommt als nächstes dran?

1. Nimm ein paar runde Dinge wie Schüsseln, Töpfe oder Dosen.

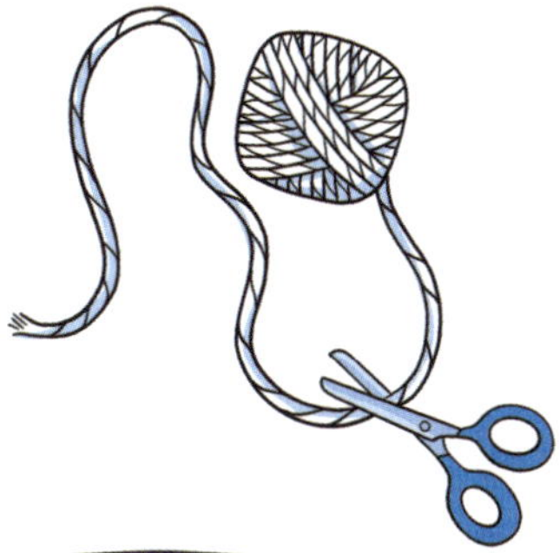

2. Schneide ein Stück Faden ab, das perfekt um den Gegenstand passt – aber ohne zu messen!

9445923078164062862089986280348253421170679821480865 1

3. Um den Umfang herauszubekommen, schätzt du erst den Durchmesser des Gegenstandes. Dann schneidest du ein Stück Faden ab, das etwa 3,14 Mal länger ist. Wie genau schaffst du es?

LOOPING

Looping spielst du auf einem Blatt Papier. Es ist einfach, kann dich aber schwindelig machen!

Spielablauf

Du brauchst:

- kariertes Papier
- Stift

1. Das Spiel beginnt mit einem Gitter, auf dem die Zahlen 0, 1, 2 oder 3 verteilt sind.

Dieses kleine, einfache Beispiel zeigt, wie es geht.

3	2
2	3

2. Zeichne die Linien des Gitters nach, sodass eine geschlossene Linie entsteht. Die Zahlen geben vor, an wie vielen Seiten eines Kästchens du entlang zeichnen musst.

Hier ist die Lösung für das Rätsel oben:

So zeichnest du: Kästchen mit einer 3 bekommen drei Ränder. Kästchen mit einer 2 bekommen zwei Ränder.

3. Alles klar? Dann probiere mal diese zu lösen:

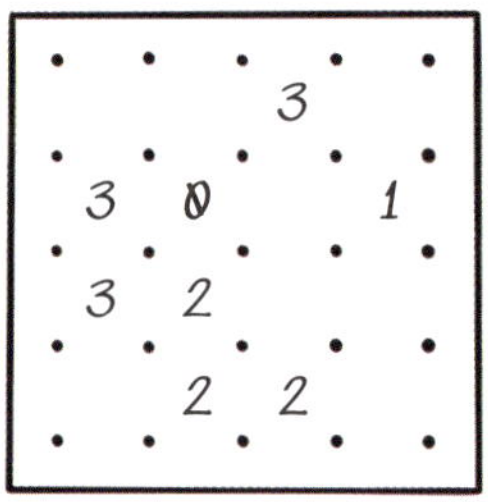

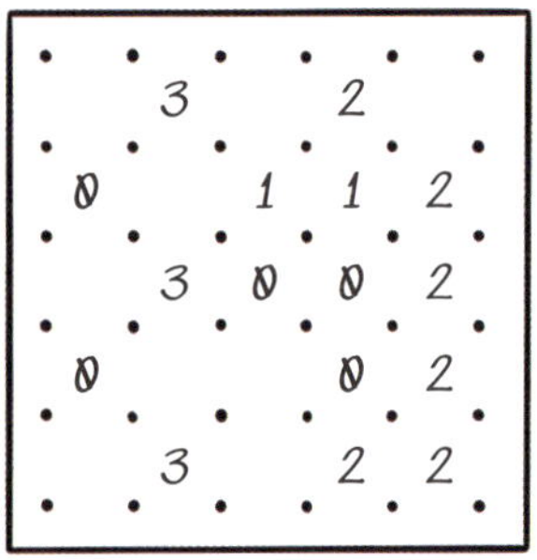

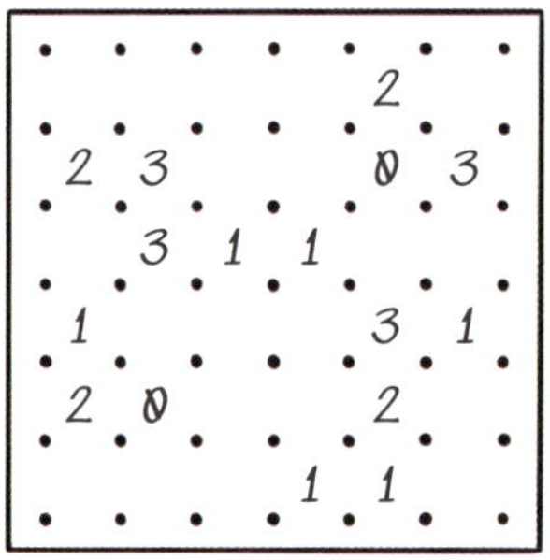

Du kannst eigene Looping-Rätsel erfinden, um andere auf die Probe zu stellen.

EINTÜTEN

Dieses Mathespiel auf kariertem Papier hast du ruckzuck in der tasche.

1. Zeichne eine Linie um alle Zahlen, um sie „einzutüten". Jede Zahl gibt an, wie viele Felder um sie herum liegen müssen. Dazu zählen das Kästchen, in dem die Zahl steht, sowie die Felder oberhalb, unterhalb, links und rechts von ihr.

Ein einfaches Beispiel:

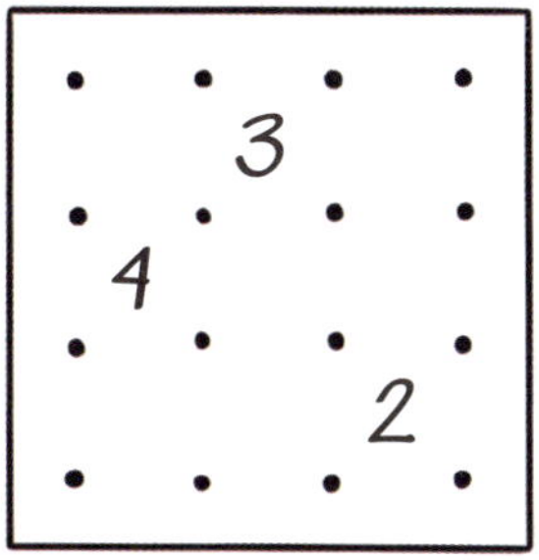

Und das ist die Lösung!

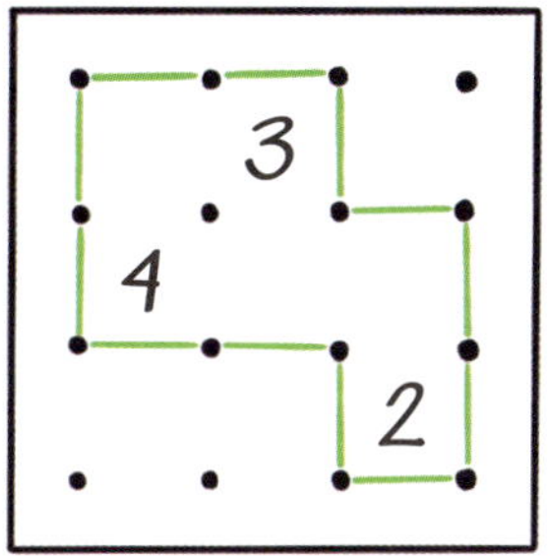

Die 3 hat drei Kästchen: ihr eigenes, eins darunter und eins links daneben.
Die 4 hat ihr eigenes, eins darüber und zwei rechts daneben.
Die 2 hat ihr eigenes und das über ihr.

Gelöst!

2. Probiere auch diese zu lösen:

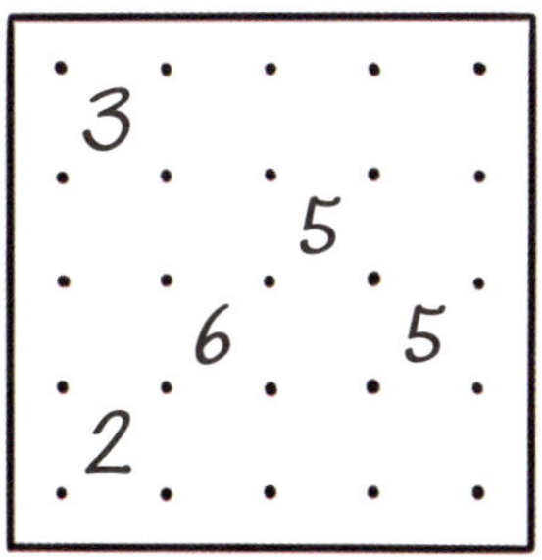

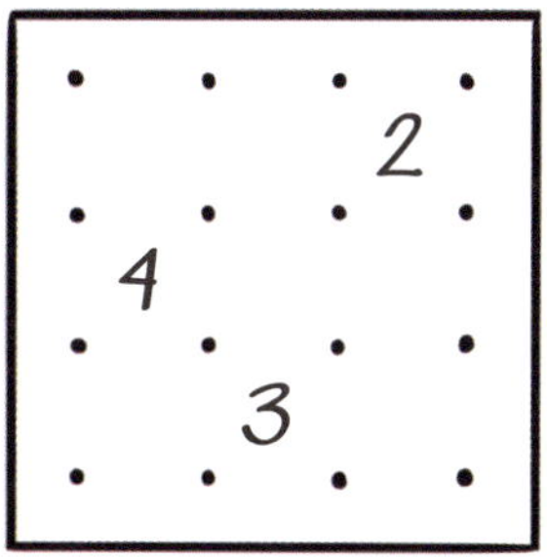

KAKURO

Wenn du Mathematik und Kreuzworträtsel magst, wirst du Kakuro LIEBEN!
Das japanische Knobelspiel wird wie ein Kreuzworträtsel gespielt, jedoch mit Zahlen statt Buchstaben.

Spielablauf

1 Wie die meisten Gitterrätsel kann ein Kakuro beliebig groß sein. Oft sind die Spielfelder 8 × 8 Kästchen groß oder noch größer, es geht aber auch kleiner. Hier ist ein Mini-Kakuro für den Einstieg.

Schwarze Kästchen füllst du nicht aus.

In die weißen Kästchen trägst du Zahlen von 1 bis 9 ein.

Diese Felder geben an, welche Summe die Zahlen in der jeweiligen Zeile oder Spalte ergeben müssen.

Diese 12 bedeutet, dass die Summe der Zahlen in der Spalte darunter 12 ergeben muss.

Die 9 bedeutet, dass die Summe der Zahlen dieser Zeile 9 ergeben muss, und so weiter.

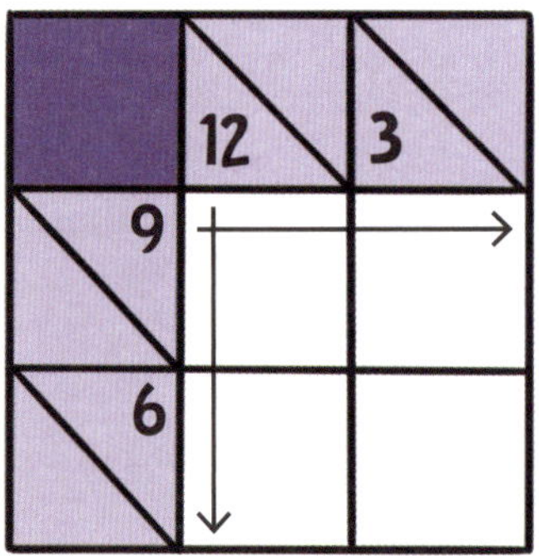

Dies ist eine Lösung. Es gibt noch eine andere, die auch funktioniert. Findest du sie heraus?

2 Wenn du weißt, wie es geht, kannst du mit diesen kniffligen Kakuro-Knobeleien richtig loslegen!

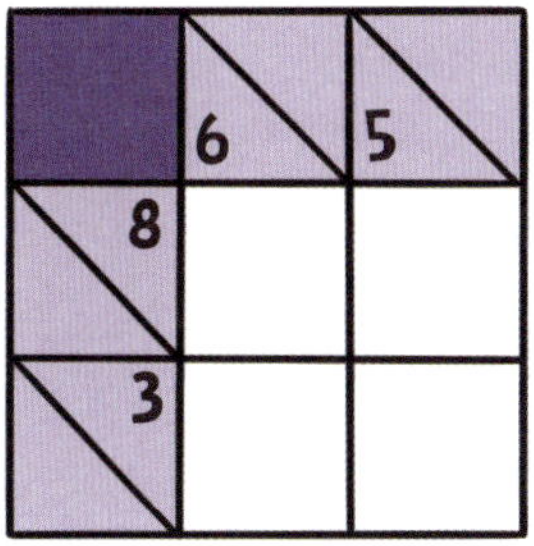

A

B

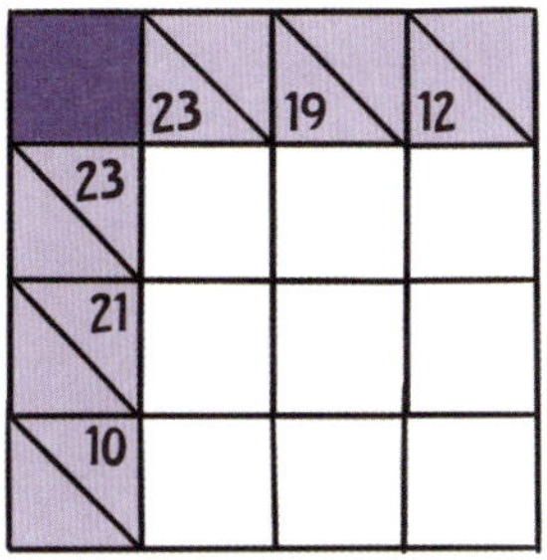

C

D

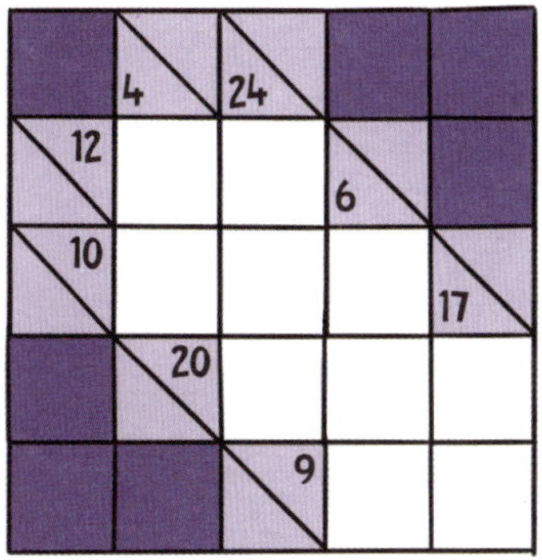

E

Was steckt dahinter?

Kakuro ähnelt dem magischen Quadrat, bei dem alle Zeilen, Spalten und Diagonalen die gleiche Zahl ergeben. Die Idee ist uralt und kommt sogar in Sagen vor. So erzählt zum Beispiel eine chinesische Legende von einer Schildkröte, die mit einem magischen Quadrat auf dem Rücken aus einem Fluss kam!

PARKETTIERUNG

Eine Form eignet sich zum Parkettieren, wenn sie sich wie eine Kachel endlos aneinanderlegen lässt und somit eine Fläche lückenlos ausfüllt.

Spielablauf

1. Sieh dir diese Formen an. Kannst du erkennen, welche parkettiert werden können?

Du kannst das Spiel allein spielen oder als Wettstreit mit einem Freund oder einer Freundin!

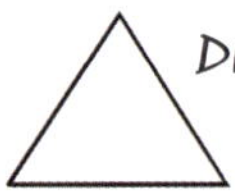
Dreieck

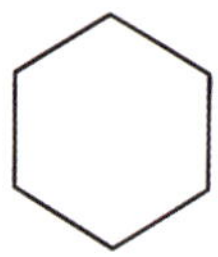
Hexagon

fünfzackiger Stern

breites H
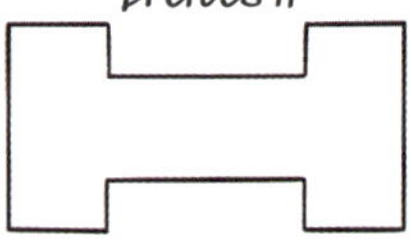

Pfeil
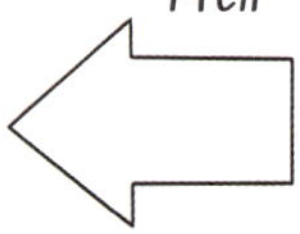

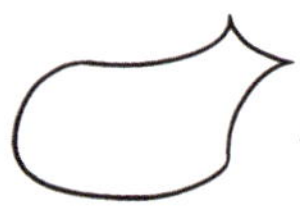
schlabbriger Ballon

2. Schreibe deine Antworten auf ein Blatt Papier. Wenn ihr zu zweit spielt, benutzt jeder ein Blatt Papier.

Probiere es aus!

3. Zeichne jede Form auf Pappe nach oder nutze einen Kopierer. Schneide die Form aus und verwende sie als Schablone. So kannst du auf Papier testen, ob sich eine Form parkettieren lässt.

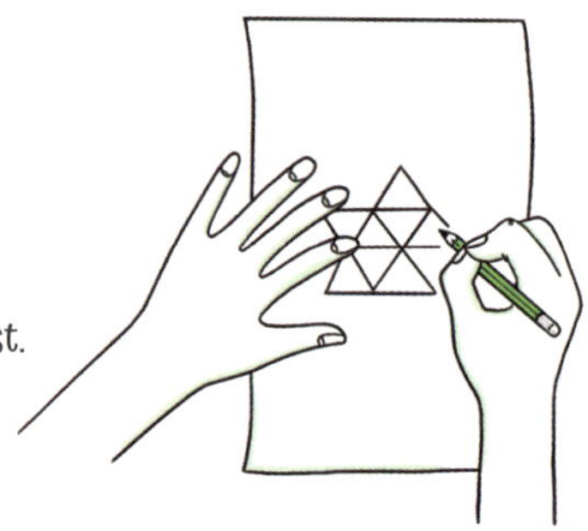

NIMM ZWEI!

Manchmal ergeben zwei verschiedene Formen zusammen eine Parkettierung.

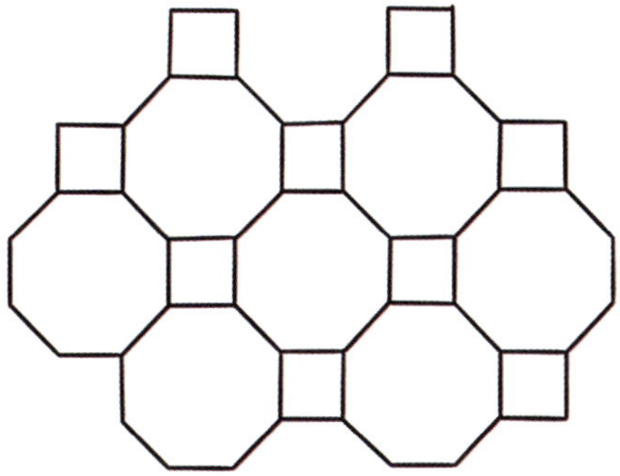

Spielablauf

1. Deine Aufgabe ist es herauszufinden, welche dieser Formen sich parkettieren lassen.

Pentagon

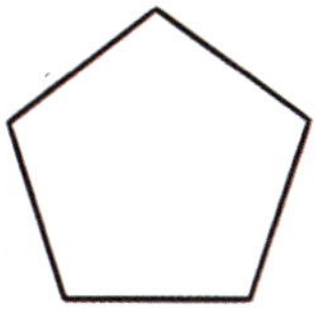

Oval

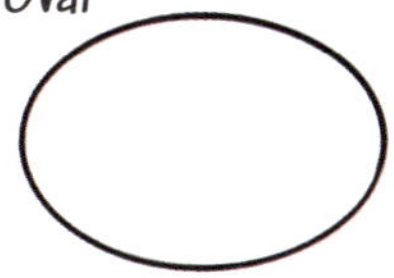

Raute

Rechteck

langes Pentagon

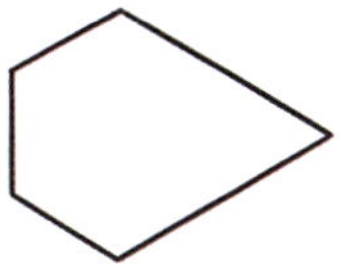

Rate zuerst, bevor du die Formen nachzeichnest und es auf Papier ausprobierst!

Versuche doch mal das!

Kannst du eine neue Form zum Parkettieren erfinden?

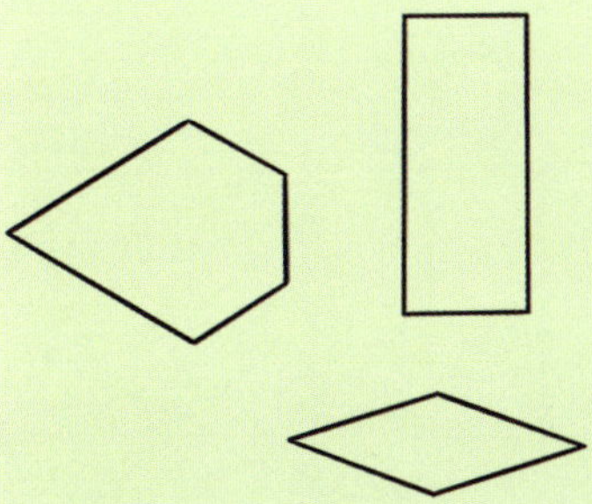

Was steckt dahinter?

Beim Parkettieren spielen Winkel die entscheidende Rolle. Egal wie eine Form aussieht – ihre Winkel müssen aneinander passen.

TANGRAM-RÄTSEL

Tangram ist ein altes Spiel aus China, bei dem man aus einem zerschnittenen Quadrat zahllose Formen legen kann.

Spiele allein oder gegen andere (jeder braucht ein eigenes Spielset).

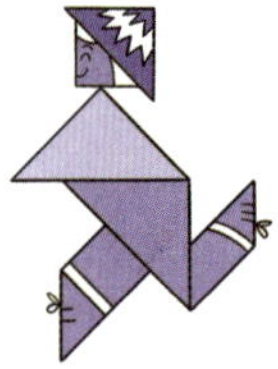

Du brauchst:

- Pappe oder Moosgummi
- Lineal
- Filzstift oder Bleistift
- Schere

Vorbereitung

1 Zeichne mit Stift und Lineal ein 10 x 10 cm großes Quadrat auf Pappe oder Moosgummi.

2 Zeichne zwei diagonale Linien wie ein X in das Quadrat:

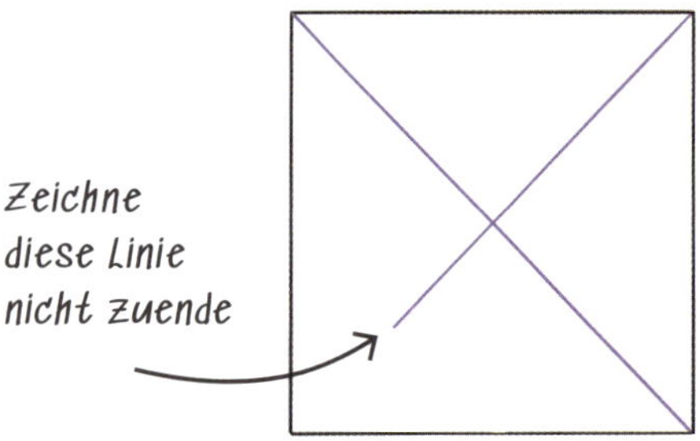

3 Markiere die Mittelpunkte einiger Linien so, wie du das hier siehst:

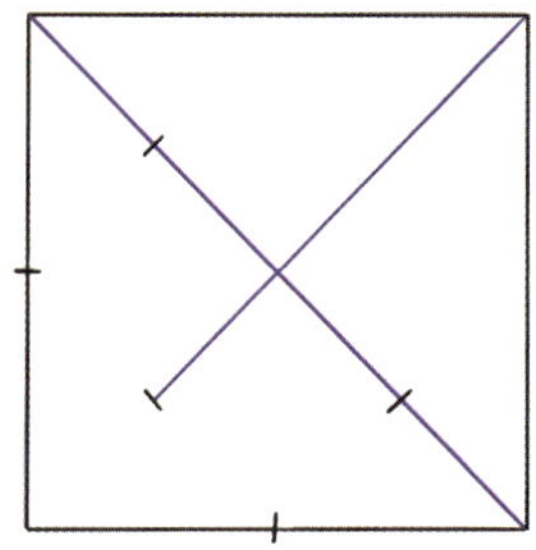

4 Verbinde die Mittelpunkte so, dass folgende Formen entstehen:

5 Zerschneide dein Tangram in diese Formen.

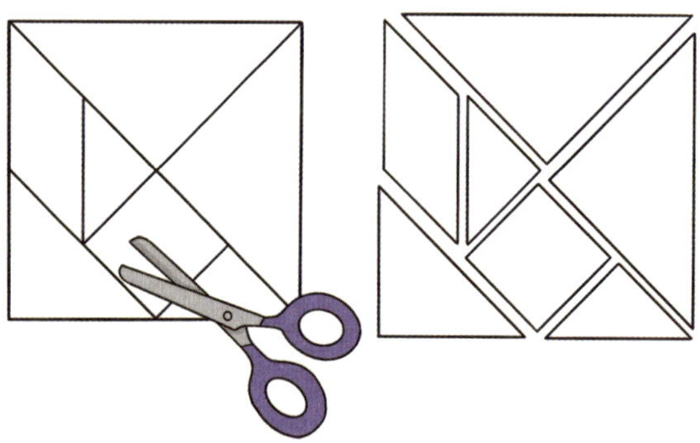

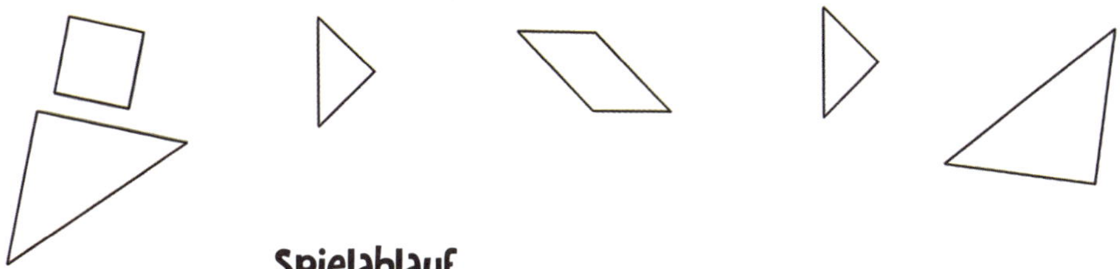

Spielablauf

6 Ein Tangram-Rätsel besteht darin, mit deinen Formen eine Figur nachzulegen, von der du nur den Umriss siehst. Du musst herausfinden, wohin du welche Form legen musst. Hier einige Beispiele:

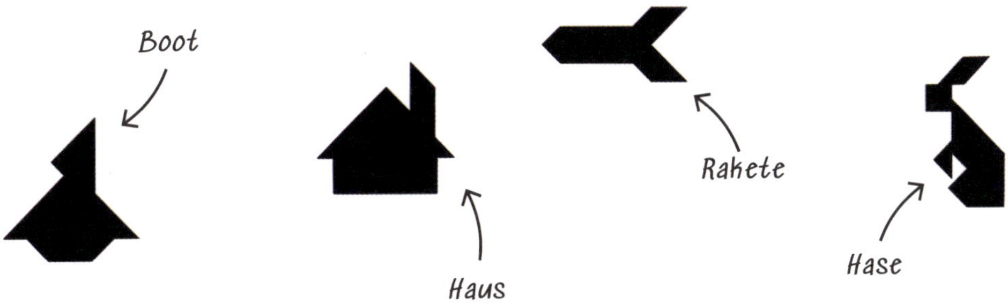

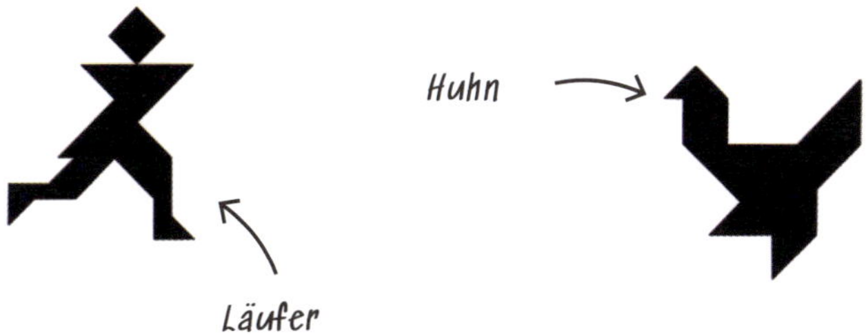

ERSTELLE DEIN EIGENES TANGRAM

Beginne wieder mit einem 10 x 10 cm großen Quadrat, aber teile es diesmal in andere Formen auf. Welche Figuren kannst du aus deinen eigenen neuen Puzzleteilen legen?

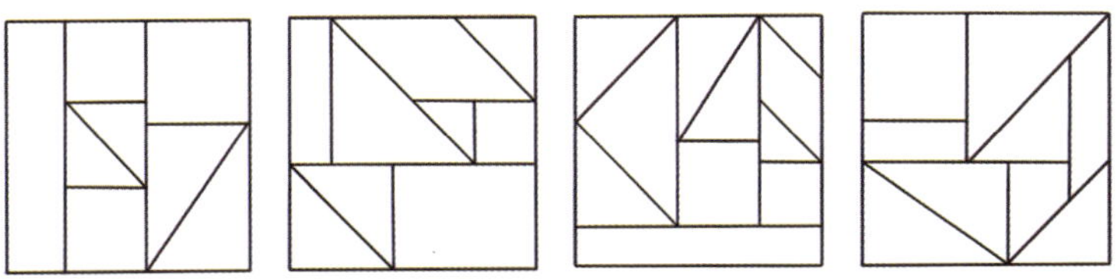

Was steckt dahinter?

Das Original-Tangram ist so konzipiert, dass sich mit den Formen jede Figur legen lässt, die man erschaffen möchte. Aber kann man das Tangram noch verbessern?

LEGEPUZZLE

Für dieses Spiel benötigst du kariertes Papier. Dieses kannst du im Schreibwarengeschäft kaufen oder im Internet finden und ausdrucken.

Vorbereitung

1. Zeichne ein Rechteck als Spielfeld. Für den Anfang sind zehn Quadrate in der Breite und sechs Quadrate in der Höhe ideal.

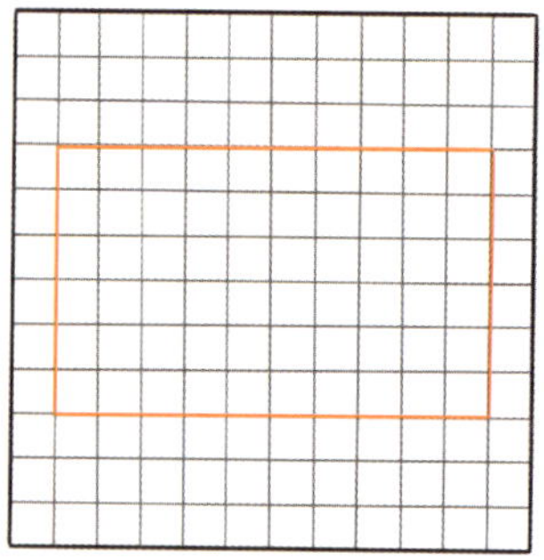

Du brauchst:

- kariertes Papier
- Bleistift
- Schere

2. Schneide Spielsteine aus, die jeweils aus drei Quadraten bestehen. Es gibt zwei Formen, die du ausschneiden kannst. Für unser Spielbrett mit 10 x 6 Quadraten brauchst du zehn Spielsteine von jeder Form.

Spiele dieses Spiel allein oder gegen eine zweite Person.

Spielablauf

3. Lege nun die Spielsteine auf das Spielfeld. Versuche, sie so zusammenzufügen, dass alle Quadrate abgedeckt sind. Schaffst du es? Wie nah bist du dran?

4. Wenn ihr zu zweit spielt, legt ihr abwechselnd Spielsteine auf das Spielfeld. Wer nicht mehr legen kann, hat verloren.

Was steckt dahinter?

Die Formen KÖNNEN das gesamte Spielfeld abdecken – aber nur, wenn du die richtige Anordnung findest. Wenn du gegen jemanden spielst, versuche, seine Züge zu blockieren.

TETROMINOS

Wenn dir das zu einfach ist, nimm ein größeres Spielfeld sowie Spielsteine, die aus vier Quadraten bestehen – also Tetrominos (4 Quadrate) statt Triominos (3 Quadrate).

1. Spiele analog, diesmal mit Spielsteinen aus vier Quadraten.

Hier siehst du sieben mögliche Tetrominos.

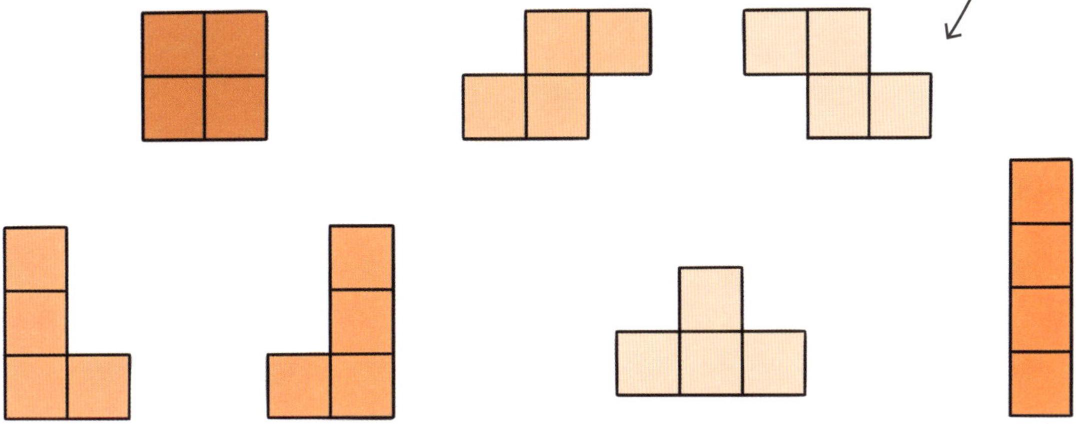

Vier von jeder Form ergeben insgesamt 112 Quadrate.

2. Zeichne auf kariertes Papier ein Spielfeld mit insgesamt 112 Quadraten:

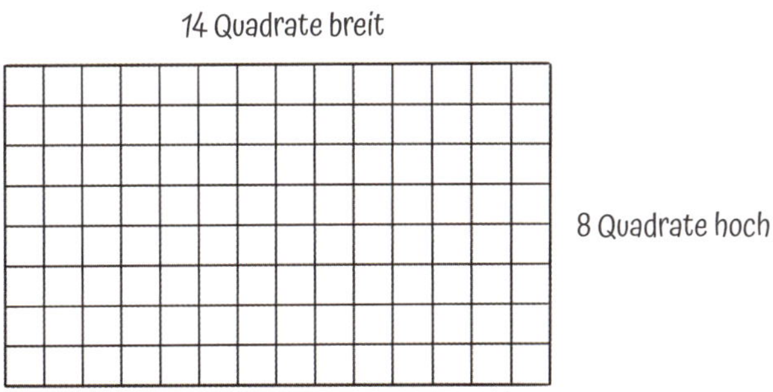

3. Versuche, alle Spielsteine auf dem Spielfeld unterzubringen. Das ist VIEL schwieriger!

SPIEGELSPIEL

Eine Form ist symmetrisch, wenn sie auf beiden Seiten einer Achse identisch ist: Eine Seite ist wie das Spiegelbild der anderen. In diesem Spiel fügst du zwei Hälften einer symmetrischen Form zusammen.

Dieses Spiel spielst du am besten als Wettkampf gegen eine oder mehrere Personen.

Du brauchst:

- dünne Pappe, zum Beispiel eine Müslischachtel
- Bleistift
- Schere

Vorbereitung

1. Schneide die Pappe in Quadrate mit circa 10 cm Seitenlänge.

2. Knicke das Quadrat exakt in der Mitte und zeichne auf eine Hälfte eine Form:

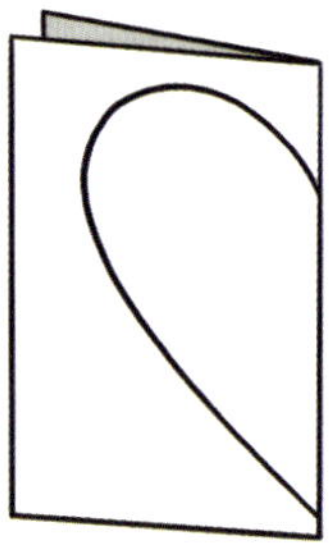

3. Drücke die Pappe fest zusammen und schneide die Form aus. Klappe die Pappe auf und du hast eine perfekt symmetrische Form.

4. Erstelle auf diese Weise viele weitere symmetrische Formen! Sie können ganz vielfältig sein.

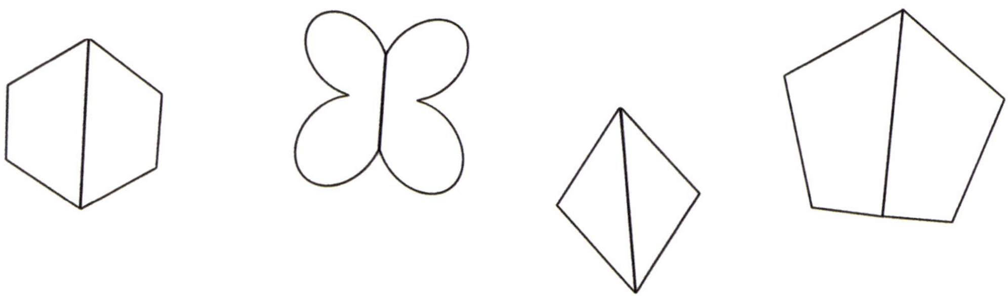

5 Schneide jetzt alle Formen in der Mitte entlang des Knicks durch. Lege von jeder Form die eine Hälfte auf den Tisch und die andere versteckt in eine Schachtel.

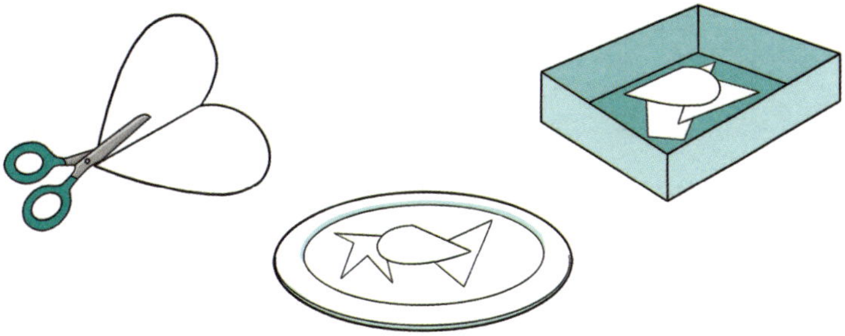

Spielablauf

6 Nimm mit geschlossenen Augen eine der Hälften aus der Schachtel und versuche möglichst schnell den Gegenpart zu finden.

7 Wenn zwei oder mehr Personen mitspielen, nimmt sich jede mit geschlossenen Augen eine der Hälften aus der Schachtel. Auf drei geht's los: Wer zuerst die andere Hälfte seiner Form findet, bekommt einen Punkt!

Was steckt dahinter?

Je komplizierter die Formen sind, desto schwieriger ist das Spiel. Besonders knifflig wird die Suche nach der zweiten Hälfte, wenn du einige symmetrische Formen bastelst, die einander ähnlich, aber nicht ganz gleich sind.

DIAGRAMM-CODE

Ein Diagramm aus einem Quadratraster hat unten eine waagerechte Achse (x-Achse) und an der Seite eine senkrechte Achse (y-Achse). An den Achsen befinden sich Zahlen. Jeder Punkt im Diagramm gehört zu zwei Zahlen an beiden Achsen.

Spielablauf

1. Zeichne in das Diagramm eine einfache Form, deren Ecken alle auf Kreuzungspunkten liegen. Die Form sollte durchgehend gezeichnet sein.

2. Markiere alle Ecken der Form. Schreibe nun die Zahlen der x- und der y-Achse (Koordinaten) auf.

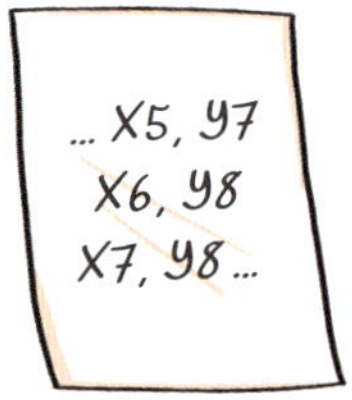

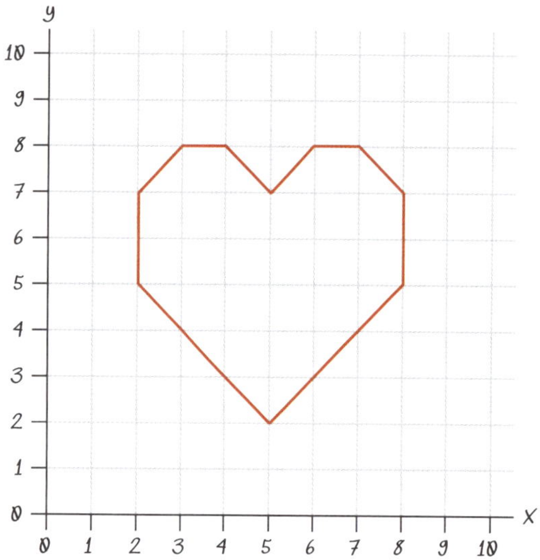

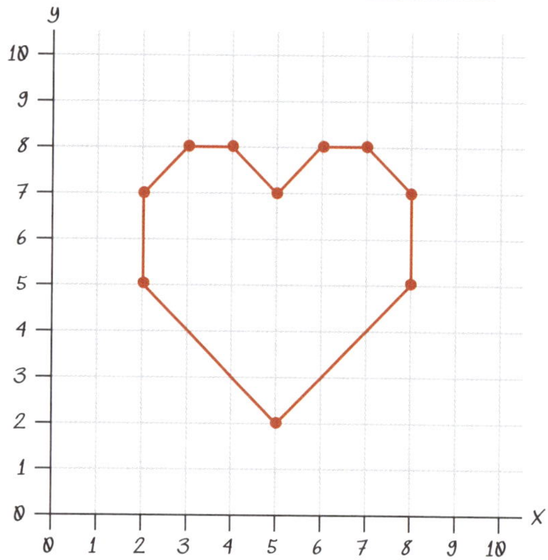

3. Die Person, die den Code knacken soll, braucht dafür ein leeres Diagramm.

   Sie muss nun deine Zahlen lesen, die Punkte im Diagramm markieren und mit einer Linie verbinden.

Fordere einen Freund oder eine Freundin heraus. Es können auch mehrere gegeneinander spielen!

Was steckt dahinter?

Mit Diagrammen lassen sich Messwerte darstellen und codierte Informationen übermitteln. Bildschirme von Tablets und Handys funktionieren ähnlich: Computer nutzen Koordinaten, um herauszufinden, wo Bilder und Texte angezeigt werden sollen.

DIAGRAMM-NACHRICHTEN

Mit einem Diagramm kannst du auch geheime Nachrichten an deine Freundinnen und Freunde schreiben.

1 Mit Koordinaten kannst du Buchstaben in ein Diagramm schreiben. Verwende für jeden Buchstaben eine eigene Koordinaten-Liste.

Versuche diese 5 Buchstaben zu entschlüsseln!

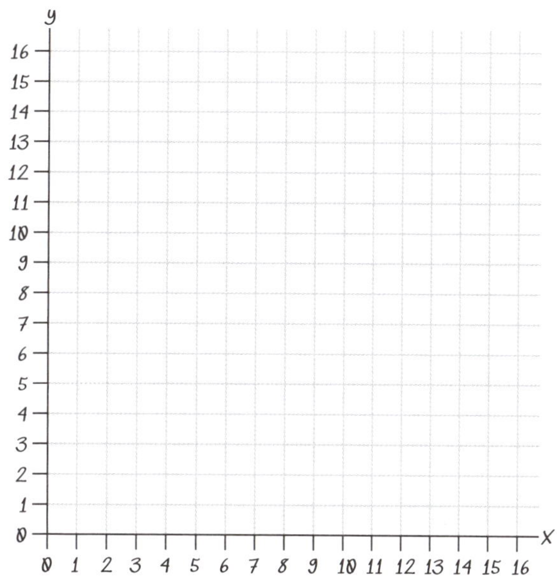

X1, Y7	X4, Y7	X7, Y11	X10, Y11	X14, Y7
X1, Y11	X6, Y7	X7, Y7	X10, Y7	X13, Y9
X1, Y9	X5, Y11	X9, Y7	X12, Y7	X14, Y11
X3, Y9	X4, Y9			X15. Y9
X3, Y11	X6, Y9			X14, Y7
X3, Y7				

WIE VIELE DREIECKE?

Zeit für etwas Leichtes! Alles, was du tun musst, ist die Anzahl der Dreiecke zu zählen. Das klingt ziemlich einfach, oder?

Spielablauf

1. Wie viele Dreicke siehst du in diesem Bild?

Alle gefunden? BIST DU SICHER?

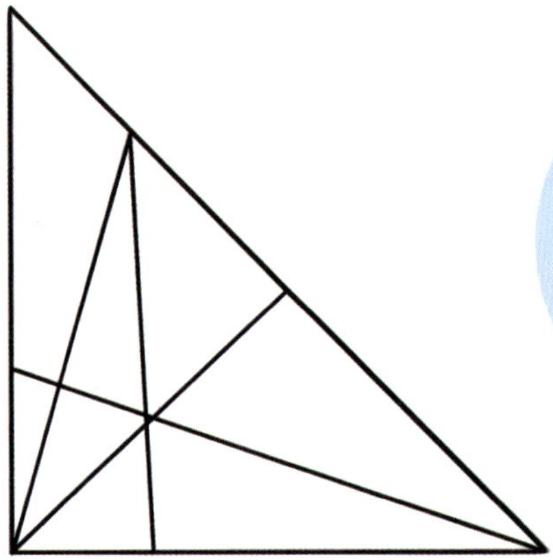

Spiele dieses Spiel allein, mit deinen Freundinnen und Freunden oder mit deiner Familie.

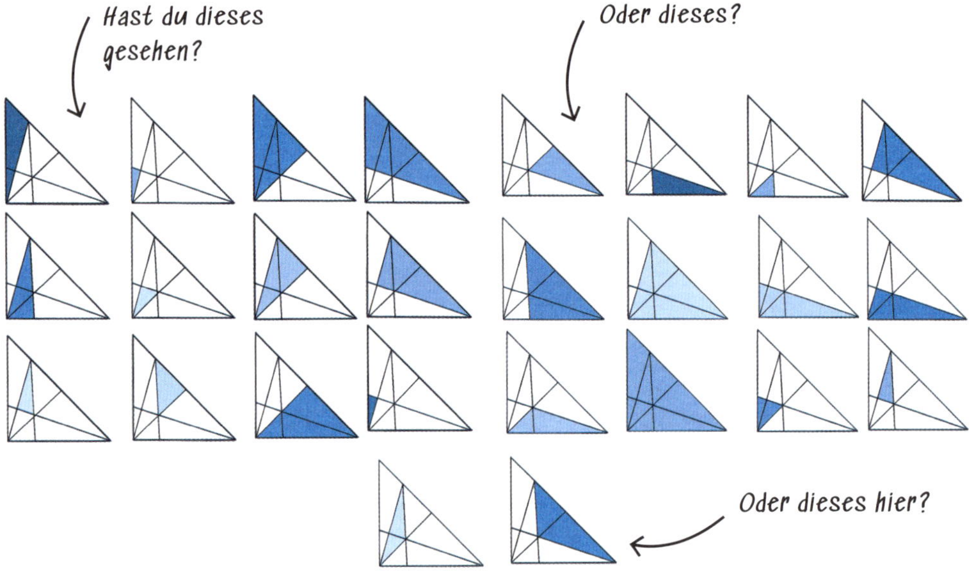

Obwohl die Aufgabe einfach aussieht, sind sehr viele Dreiecke in dem Bild versteckt – insgesamt 26 Stück. Es kann wirklich schwierig sein, sie alle zu erkennen und beim Zählen den Überblick zu behalten.

Was steckt dahinter?

Warum ist das Spiel so schwierig? Unser Gehirn kann gut Formen erkennen. Wenn jemand sagt: „Finde das Dreieck!", dann erfassen wir rasch alles, was wie ein Dreieck aussieht. Und das geht so schnell, dass wir leicht Dreiecke übersehen, die weniger offensichtlich sind – zum Beispiel, da sich noch andere Formen in ihnen befinden.

WIE VIELE DREIECKE SIND IM QUADRAT?

2 Jetzt weißt du, worauf es ankommt. Wie viele Dreiecke findest du nun in diesem Quadrat? Falls es zu schwierig ist, fertige dir viele Kopien des Quadrats an und markiere darin die einzelnen Dreiecke.

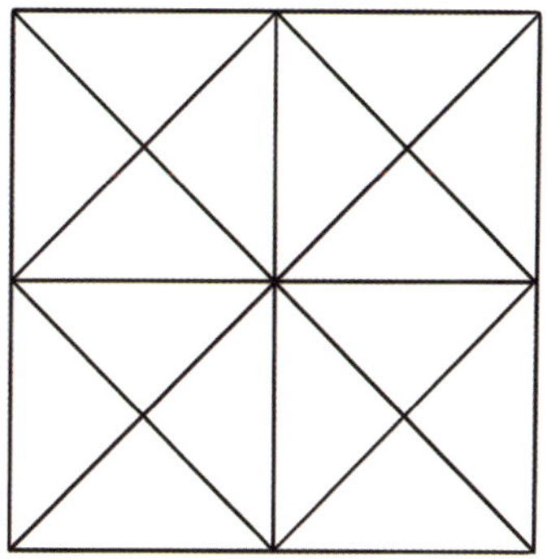

Versuche doch mal das!

Zeichne für einen Freund oder eine Freundin eine eigene Form mit Dreiecken!

UND WIE VIELE SIND IM STERN?

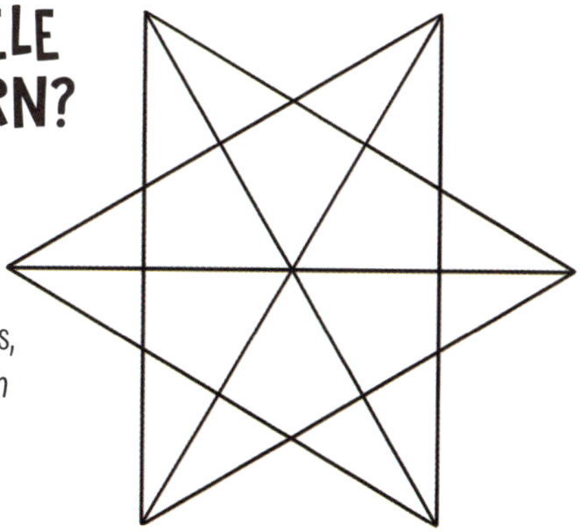

3 Eine ultimative Herausforderung ist es, alle Dreiecke in diesem Stern zu finden.

JAGD AUF FORMEN

**Erkennst du wirklich jede Form?
Es ist an der Zeit, dein Gehirn zu testen!**

Spiele dieses Spiel allein oder mit Freundinnen und Freunden.

Spielablauf

1. Alles, was du in diesem Spiel tun musst, ist die Formen zu entdecken, die sich hier verstecken.

2. Schau dir dieses verworrene Muster an und versuche, alle Formen zu finden! Hier verbergen sich zwei Quadrate, ein Hexagon (Sechseck) und ein Stern.

3. Hast du alle gefunden? Dann probiere mal das hier – finde ein Rechteck, eine Raute und ein perfektes Pentagon (Fünfeck)!

Was steckt dahinter?

Für das Gehirn ist es schwierig, die Umrisse einer Form von anderen Linien zu unterscheiden, die diese Form umgeben. Manche Menschen können das besser als andere. Mit diesem Spiel kann man testen, wie analytisch jemand denkt. Wenn du analytisch denkst, kannst du gut Bilder, Muster und Regeln herausfinden und verstehen.

DAS FEHLENDE TEIL

Bei diesem Spiel ist es genau umgekehrt!

1 Hier siehst du ein Muster, bei dem ein Teil fehlt.

Suche so schnell wie möglich das passende Teil und vervollständige das Muster. Welches ist es?

2 Hier ist ein weiteres Beispiel:

3 Schwieriger wird es, wenn nicht alle Teile richtig herum liegen!

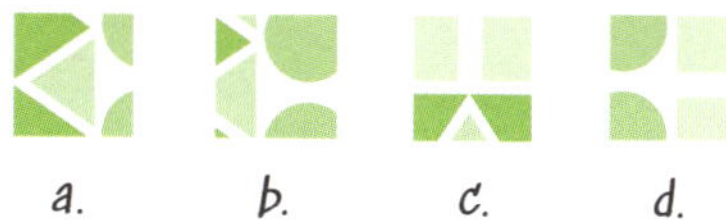

DIE WENIGSTEN QUADRATE

Hier ist ein weiteres Spiel mit Karopapier. Es mag dir einfach vorkommen, aber vielleicht grübelst du noch Stunden später über die Lösung!

Spielablauf

Du brauchst:

- kariertes Papier
- Bleistift
- Lineal

1. Zeichne ein Rechteck auf das karierte Papier. Es kann beliebig groß sein, aber fangen wir mit einem einfachen Rechteck an: sechs Kästchen breit und vier Kästchen hoch.

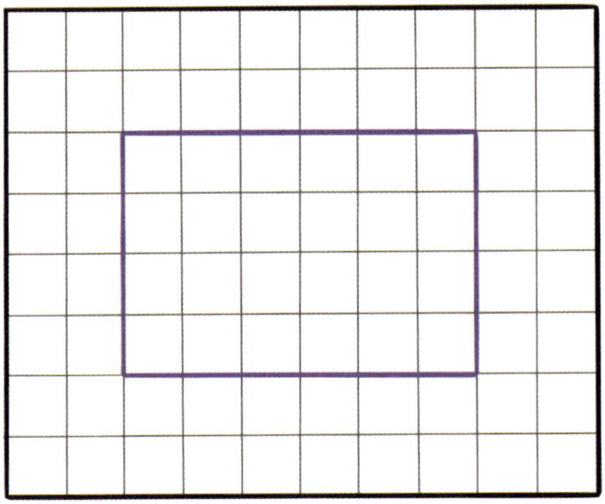

Du kannst das Spiel allein spielen, gemeinsam mit einer anderen Person oder gegeneinander.

2. Fülle das Rechteck mit Quadraten, sodass keine Lücken übrig bleiben. Es sollen möglichst wenige Quadrate sein!

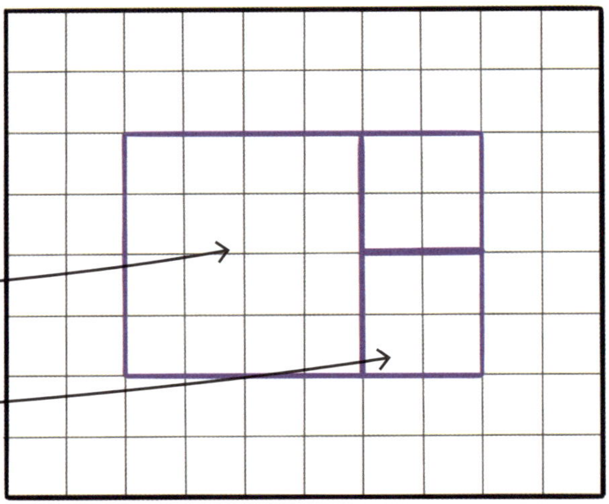

ein Rechteck:
acht Kästchen
breit und fünf
Kästchen hoch

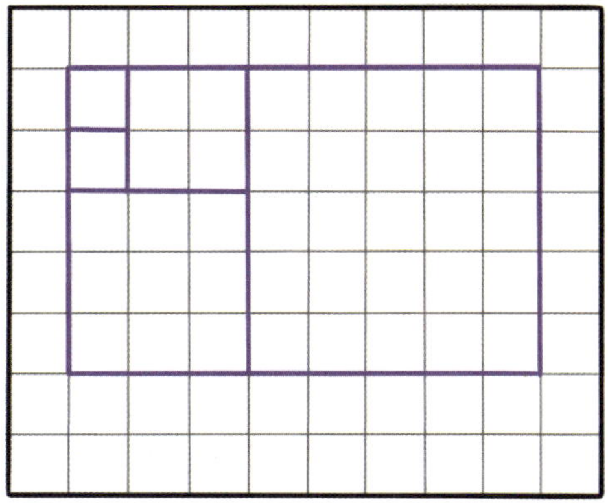

ein Rechteck:
13 Kästchen breit und
11 Kästchen hoch

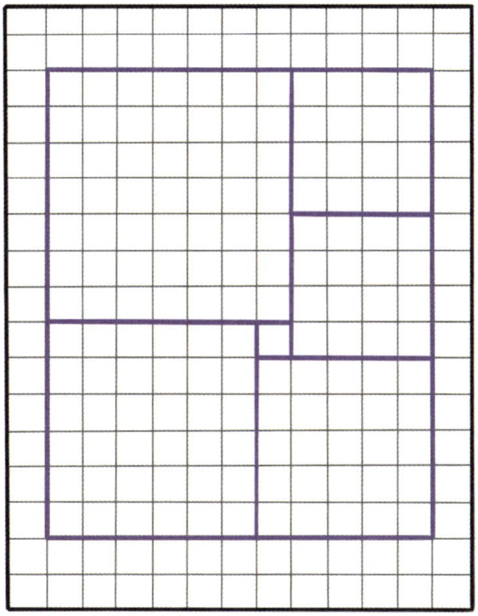

Wenn du das Spiel gegen jemand anderen spielst, gewinnt die Person, die die wenigsten Quadrate verwendet, um das Rechteck lückenlos zu füllen.

Was steckt dahinter?

Tut dir dein Kopf schon weh? Wie du vielleicht gemerkt hast, kann es ewig dauern, verschiedene Lösungen auszuprobieren. Es ist schwierig, sich wirklich sicher zu sein, dass die Lösung nicht mit noch weniger Quadraten möglich ist – weil es so viele verschiedene Varianten gibt.

MENSCHENKETTE AUS PAPIER

Mit Papier, Bleistift und Schere kannst du dir eine kleine Menschenkette basteln. Und wenn du einmal angefangen hast, möchtest du gar nicht mehr aufhören (bis das Papier alle ist)!

Spielablauf

1. Schneide dir einen langen Streifen Papier zurecht – aber nicht ZU lang, da du ihn noch falten und weiter schneiden musst. Eine ideale Größe ist 30–50 cm lang und 10 cm hoch.

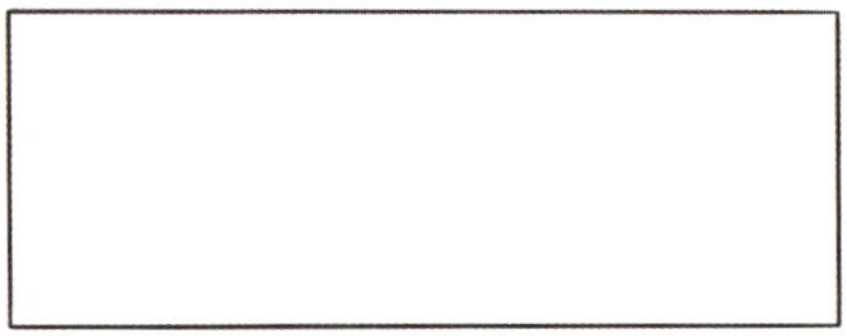

Du brauchst:

- unbedrucktes Papier
- Bleistift
- Schere

Dieses Spiel macht allein Spaß, aber auch in der Gruppe.

2. Falte den Streifen im Zick-Zack, wie unten abgebildet.

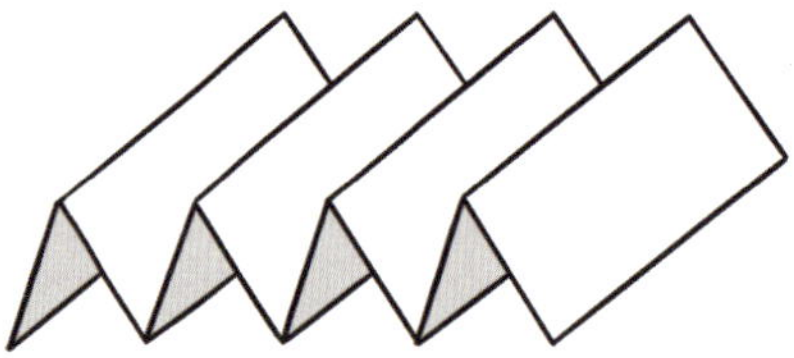

3. Drücke den gefalteten Papierstreifen fest zusammen.

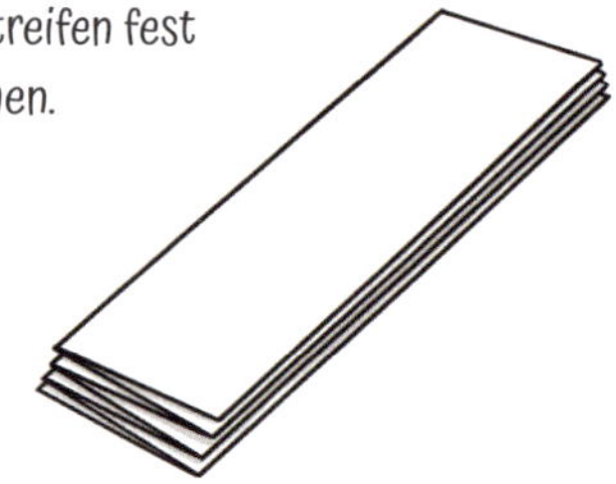

4. Zeichne nun eine Figur auf das Papier, deren Arme und Beine über die gefalteten Kanten hinaus ragen.

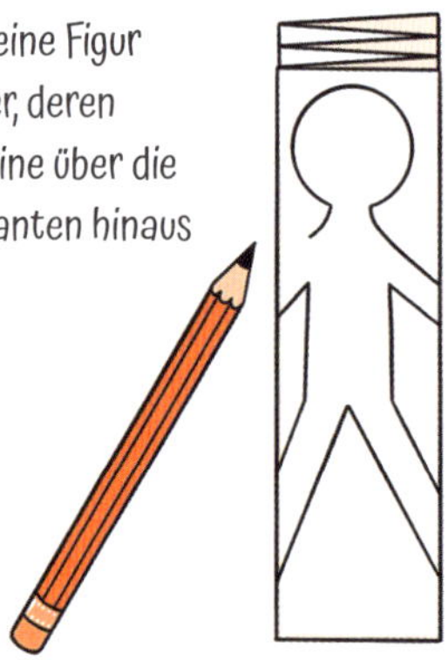

5. Zum Schluss hältst du das gefaltete Papier fest und schneidest die Figur aus. Dann öffne vorsichtig deine Menschenkette!

Was steckt dahinter?

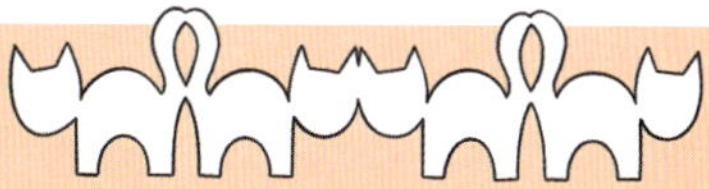

Es müssen keine Menschen sein – du kannst alle Formen zeichnen, die du möchtest: Hunde, Dinosaurier, Blumen, Außerirdische, Feen, Autos … Solange sich beide Seiten berühren, bilden sie eine Kette.

RUNDE FIGURENKREISE

Diesmal nimmst du keinen Papierstreifen, sondern einen Papierkreis.

1. Schneide einen Papierkreis mit etwa 20–40 cm Durchmesser aus. Ein Teller kann dir als Schablone dienen.

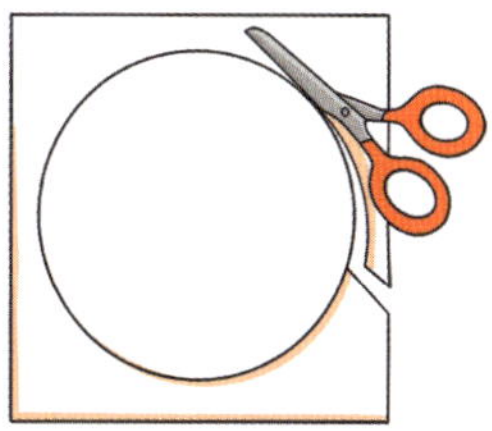

2. Falte den Kreis in der Mitte, dann noch einmal, und dann ein letztes Mal. Nun hast du acht Segmente.

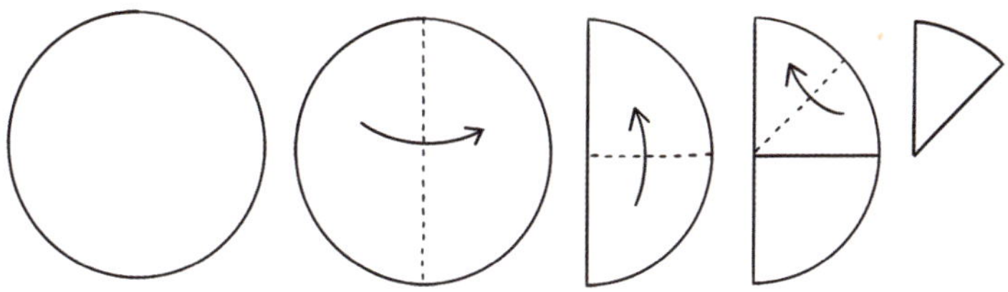

3. Zeichne eine Figur (oder ein Muster) auf das gefaltete Papier, beide Seiten berührend.

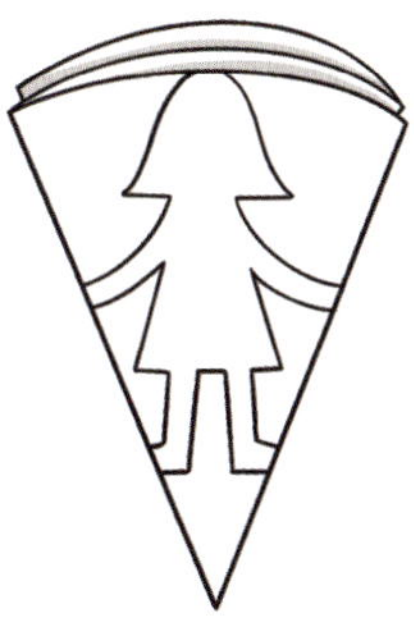

4. Ausschneiden … und öffnen!

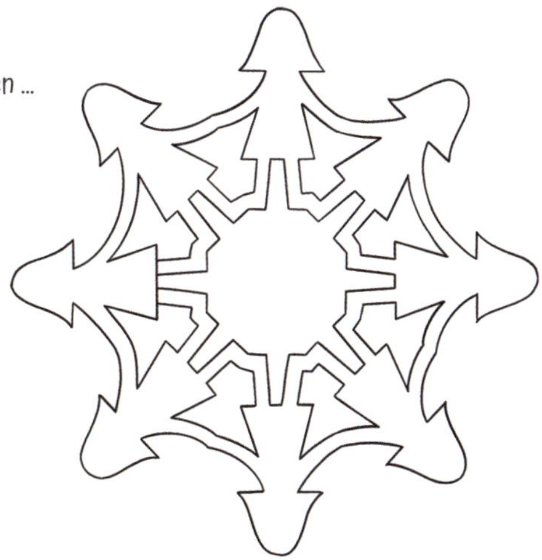

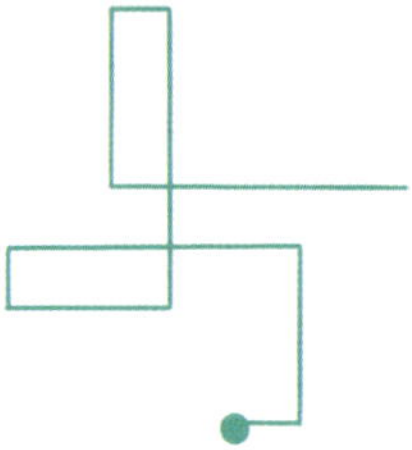

WILDE LOOPINGS

Nimm dir kariertes Papier, denke dir eine Zahlenreihe aus – und schon kannst du lauter Loopings aufs Papier zaubern!

Spielablauf

Von diesem Spiel gibt es viele Varianten, aber lass uns mit einem einfachen Dreifach-Looping beginnen.

Du brauchst:

- kariertes Papier
- Bleistift

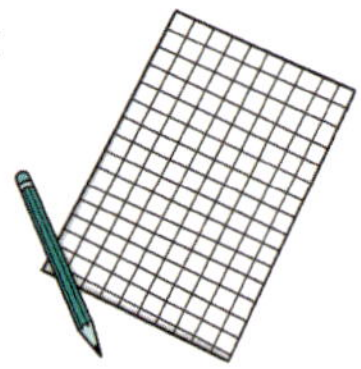

1. Zeichne mit dem Stift einen Punkt irgendwo in die Mitte des Papiers.

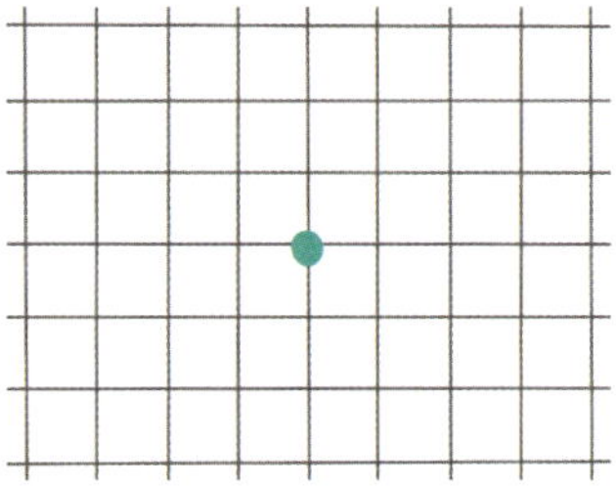

2. Wähle drei Zahlen unter 10, zum Beispiel 1, 3 und 5.

3. Jetzt zeichne eine Linie von deinem Punkt ausgehend – 1 Kästchen lang.

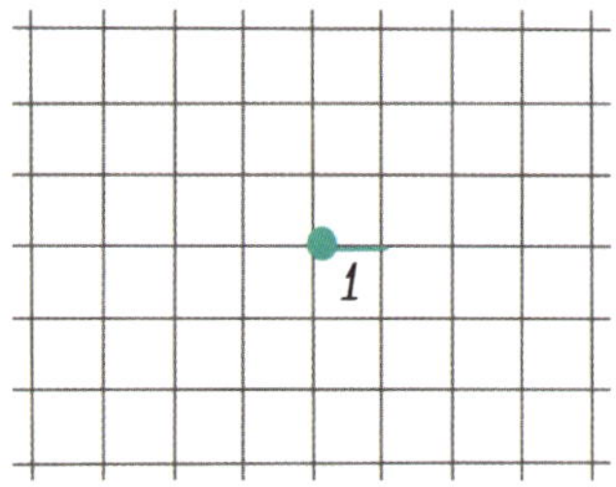

4. Biege mit dem Stift 90 Grad nach links ab und zeichne eine Linie – 3 Kästchen lang.

5. Nun biege wieder 90 Grad nach links ab und zeichne erneut eine Linie – diesmal 5 Kästchen lang.

6. Den Richtungswechsel und das Zeichnen der Linien kannst du nun immer weiter wiederholen.

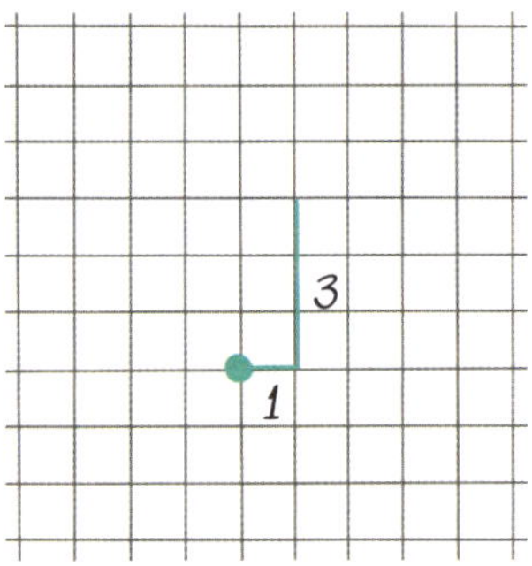

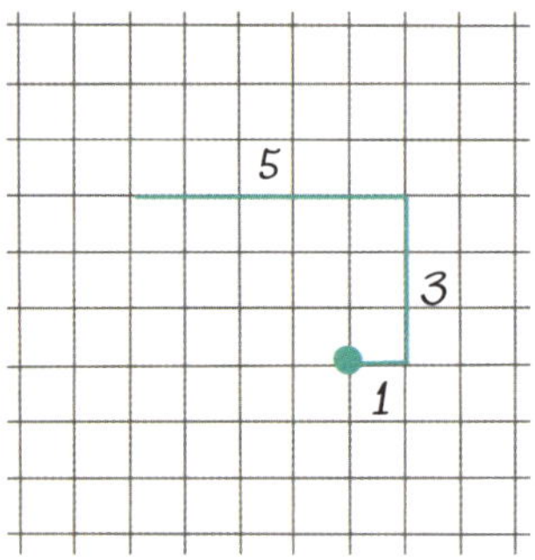

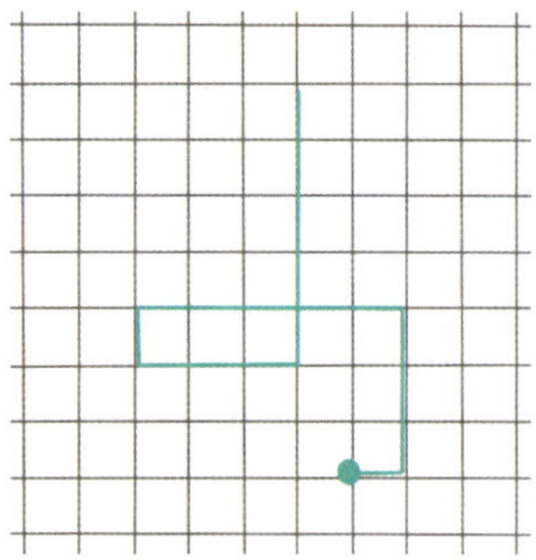

7 Zeichne die 1 Kästchen lange Linie, die 3 Kästchen lange Linie und die 5 Kästchen lange Linie so lange weiter, bis du wieder am Anfangspunkt angekommen bist.

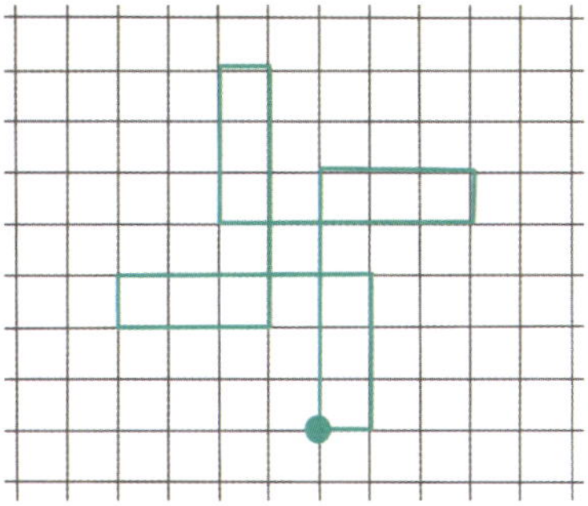

So kannst du dich stundenlang beschäftigen – oder Freundinnen und Freunde mit Loopings herausfordern.

Nun trau dich, ein paar Änderungen vorzunehmen und schau, was passiert.

8 Versuche es mal mit drei anderen Zahlen.

4, 4, 6

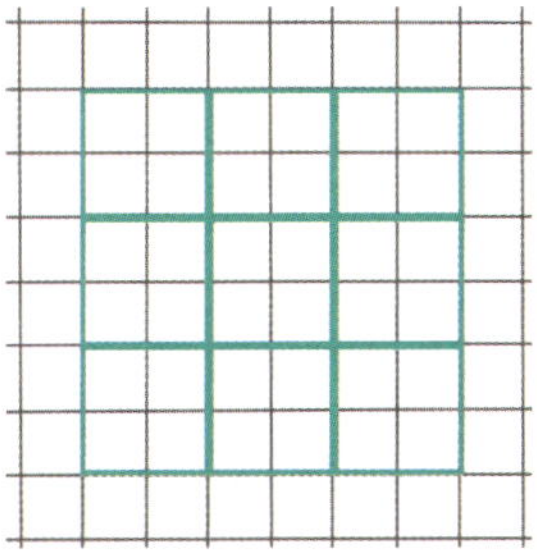

9 Und wie ist es mit mehr Zahlen? Die Loopings funktionieren auch mit 4, 5, 6 oder mehr Zahlen. Allerdings kann es sein, dass du nicht zum Anfangspunkt zurückkehrst, sondern ewig weiter zeichnest ...

(Keine Sorge, wenn sich Linien kreuzen – zeichne einfach weiter!)

Was steckt dahinter?

Das Zeichnen der Loopings auf Papier ist ein bisschen wie ein Computerprogramm. Jede Zahlenreihe ist ein „Code“ für ein bestimmtes Muster. Das Endergebnis sieht kompliziert aus, lässt sich aber auf eine kurze Zahlenreihe und eine einfache Anweisung zurückführen – ähnlich wie bei einem Computercode.

SCHLANGE

Diese Spiele benötigen nur Stift und Papier. Beim ersten Spiel wechselt ihr euch ab und lasst die Schlange immer länger werden …

Vorbereitung

1 Zeichne ein Raster aus Punkten, fünf hoch und fünf quer, etwa so:

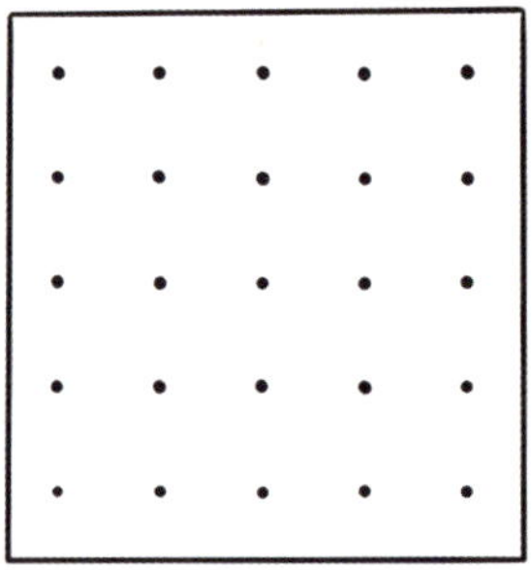

Du brauchst:

- Papier
- Stift

Spielablauf

2 Ihr zeichnet abwechselnd Linien in das Raster, sodass eine Schlange entsteht.

Dies ist ein Spiel für zwei Personen (ihr könnt es aber auch mit mehr als zwei versuchen).

3 Es gibt nur wenige Regeln:

- Jede Linie muss gerade zwischen zwei Punkten verlaufen und die Schlange verlängern.
- Linien dürfen nur horizontal, vertikal oder in einer 45°-Diagonale verlaufen.
- Die Schlange darf sich nicht selbst kreuzen.
- Ein Punkt darf nicht zwei Mal verwendet werden.

vertikal *horizontal*

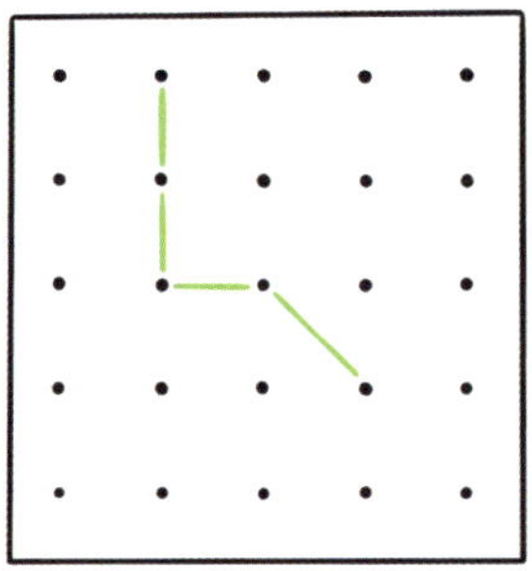

45° diagonal

Nicht erlaubt!

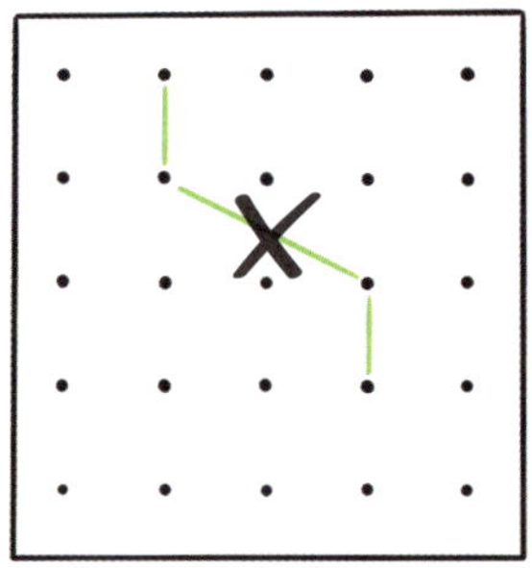

Andere Diagonalen – wie zum Beispiel diese – sind nicht erlaubt.

4. Füge der Schlange an beiden Enden Linien hinzu. Irgendwann könnt ihr keine Linien mehr hinzufügen. Wer die letzte Linie gezogen hat, hat verloren!

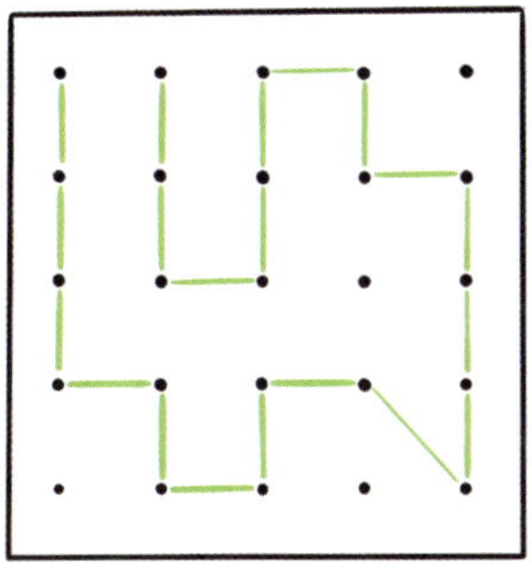

Was steckt dahinter?

Die Schlange endet, weil irgendwann keine Punkte mehr frei sind. Mit etwas Übung kannst du die Gegenseite mit cleveren Zügen dazu bringen, die letzte Linie zu ziehen!

SCHLANGENRANGELN

Eine Schlange reicht dir nicht? Nimm zwei!

1. Zeichne ein 5 × 5 Punkte großes Raster, genau wie zuvor. Diesmal hat jede Person einen Stift in einer anderen Farbe und einen eigenen Startpunkt auf dem Raster.

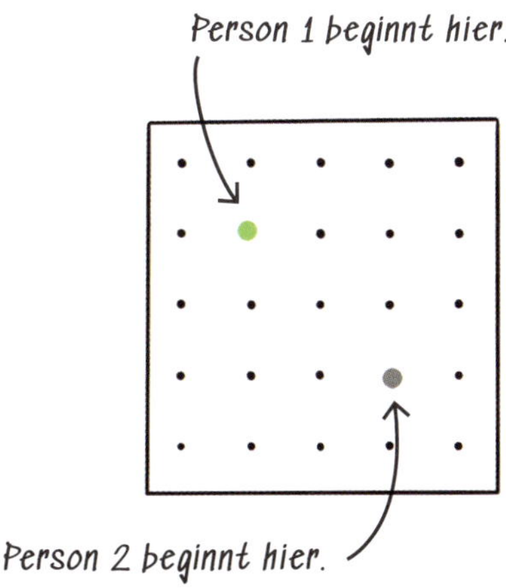

2. Beide ziehen abwechselnd Linien, um ihre eigene Schlange zu bilden.
   - Sie zeichnen eine horizontale, vertikale oder 45° diagonale Linie, die ein Feld lang ist.
   - Sie müssen dabei immer am selben Ende der Schlange ansetzen.
   - Die Schlangen dürfen weder sich selbst berühren noch einander kreuzen.
   - Kein Punkt darf zweimal benutzt werden.

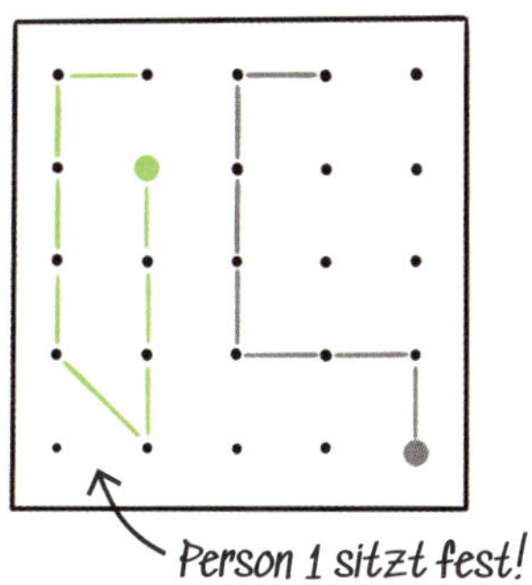

Wer zuerst keinen Zug mehr machen kann, verliert!

MAMPF

Sei vorsichtig bei diesem Spiel.
Du willst nicht den miesen Muffin mampfen müssen!

Vorbereitung

1. Zeichne ein Raster mit Muffins (oder einfachen Kreisen) und einen Kasten ringsherum, etwa so. Das ist dein Muffinblech. Es kann beliebig groß sein. Dieses ist 4 × 6.

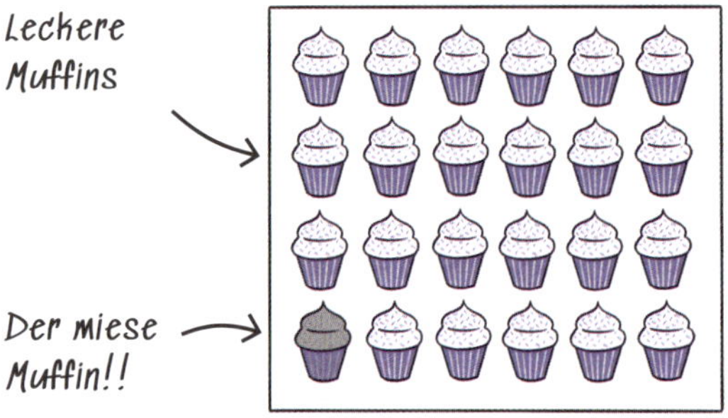

Spielablauf

2. Beide Personen wechseln sich ab. Wenn du an der Reihe bist, wählst du einen Muffin aus, um ihn zu mampfen.

3. Du mampfst aber nicht nur diesen Muffin, sondern auch alle Muffins darüber und rechts daneben.

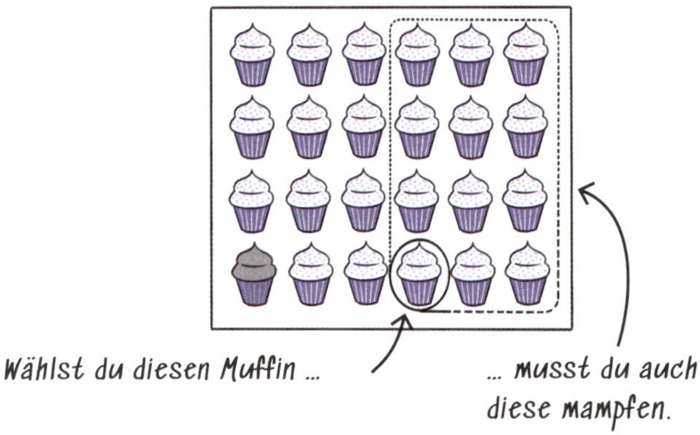

4. Mampfe die Muffins, indem du sie durchstreichst. Wechselt euch ab, bis jemand den miesen Muffin mampfen muss.

Du brauchst:

- Papier
- Stift

Perfekt für zwei Personen.

Was steckt dahinter?

Mathematikerinnen und Mathematiker haben die beste Strategie noch nicht entdeckt. Versuche herauszufinden, wie du gewinnen kannst!

ROSENKOHL

Dieses einfache, aber etwas seltsame Spiel sieht aus wie Rosenkohl ...

Spielablauf

1. Zeichne zuerst zwei Punkte auf ein Blatt Papier.

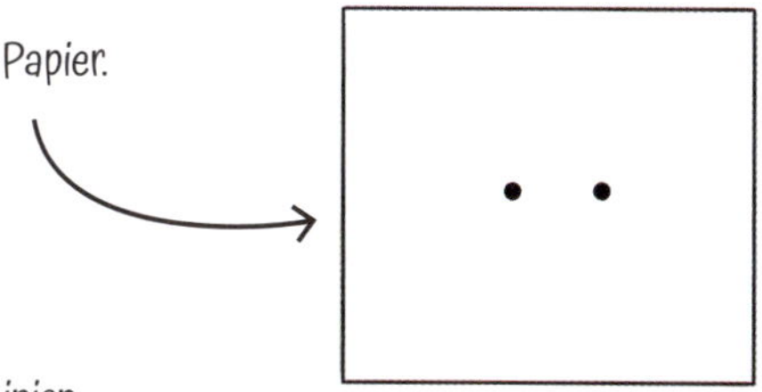

2. Zwei Personen ziehen abwechselnd mit verschiedenen Stiften (z. B. rot und blau) Linien.

3. Wenn du an der Reihe bist, zeichne eine Linie, die zwei Punkte verbindet.

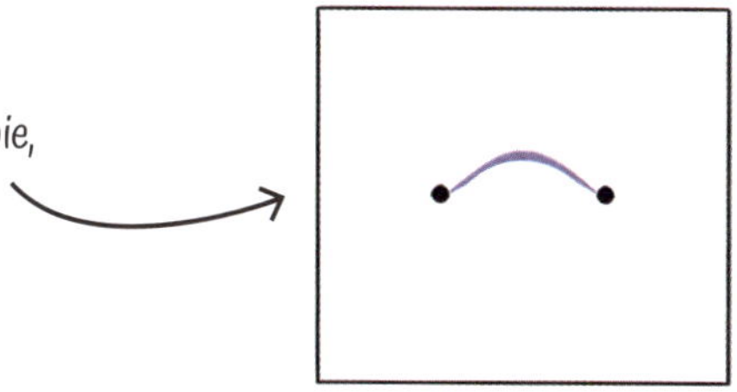

4. Zeichne dann einen neuen Punkt irgendwo auf deiner Linie. Dafür gibt es ein paar Regeln:
   - Die Linie darf keine andere Linie und auch keinen bereits gemalten Punkt kreuzen.
   - Jeder Punkt darf mit maximal drei Linien verbunden sein. Danach kannst du keine Linien mehr hinzufügen.
   - Eine Linie darf an den Punkt zurückführen, an dem sie beginnt. Es sind dann aber zwei Linien, die mit dem Punkt verbunden sind, nicht eine.

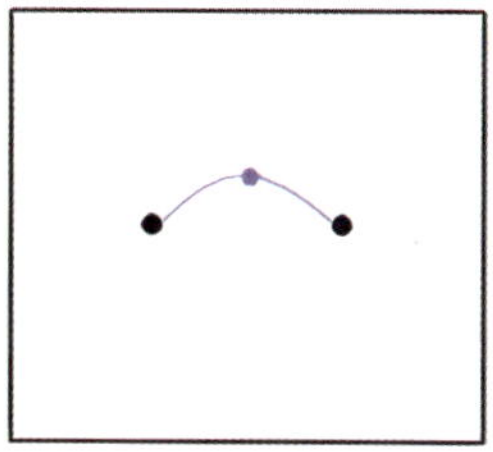

5. Wenn eine Person nicht mehr ziehen kann, verliert sie das Spiel.

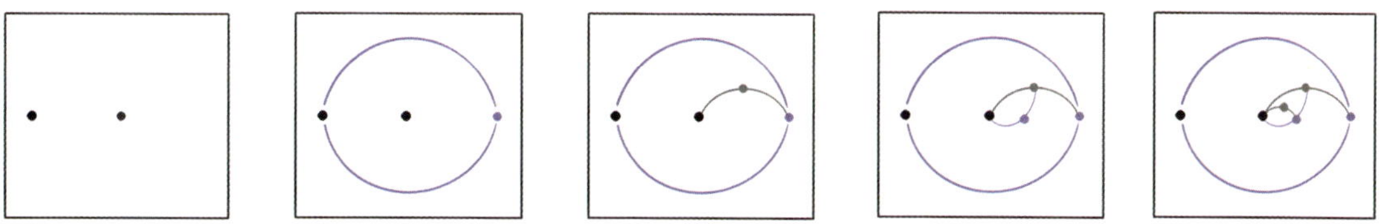

DREIECKE BILDEN

Dieses einfache Spiel macht nicht nur Spaß, es entsteht dabei auch ein tolles Bild!

Spielablauf

1. Zeichne ungefähr 20 Punkte auf das Papier. Sie sollten möglichst gleichmäßig verteilt sein.

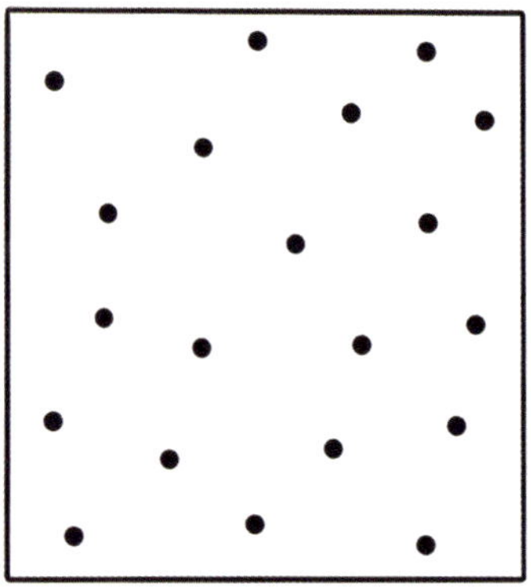

2. Die Mitspielenden wechseln sich ab. In jeder Runde zieht eine Person mit ihrem eigenen Stift eine gerade Linie zwischen zwei Punkten, etwa so:

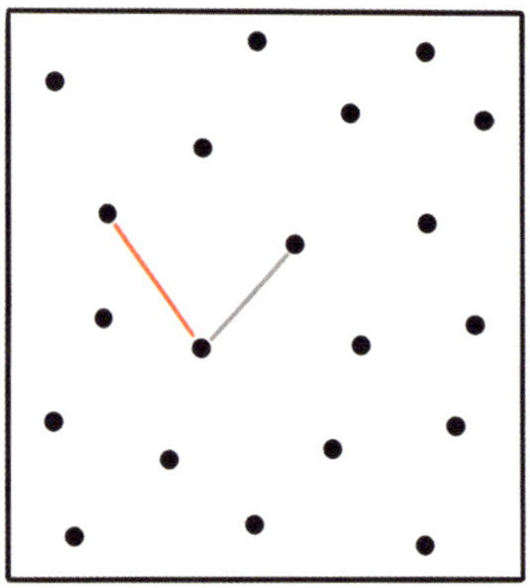

Ein Spiel für zwei Personen, das aber auch mit drei oder mehr klappt.

Du brauchst:

- Papier
- pro Person einen Stift in einer anderen Farbe

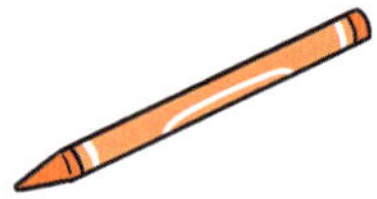

3. Ziel ist es, mit deinen Linien Dreiecke zu vervollständigen.

Du musst nicht alle Linien des Dreiecks selbst gezeichnet haben, du musst nur die Person sein, die es vervollständigt.

Hast du ein Dreieck gebildet, malst du es mit deinem Stift aus. Dreiecke dürfen sich nicht überschneiden und keinen Punkt enthalten.

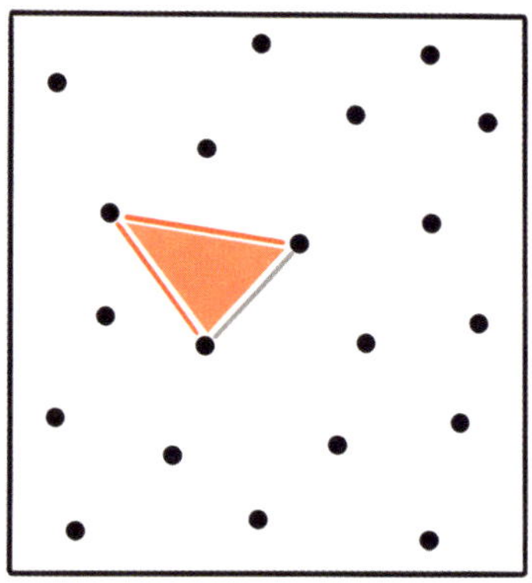

4 Zeichnet abwechselnd Linien und bildet so viele Dreiecke wie möglich. Sind alle Punkte aufgebraucht, zählt ihr die Dreiecke. Wer die meisten hat, gewinnt!

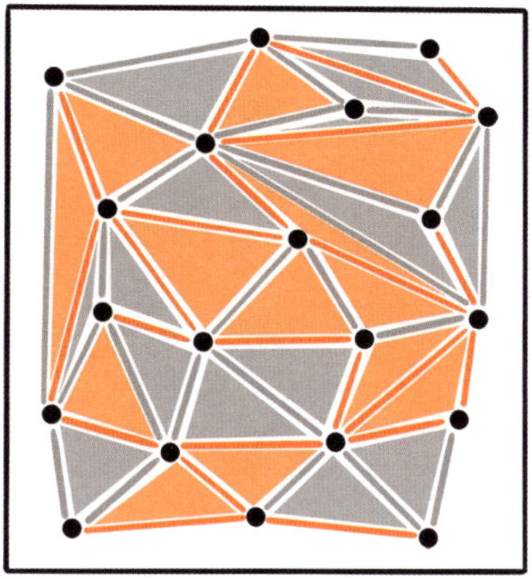

Was steckt dahinter?

Es ist schwieriger, als es aussieht! Überlasse der Gegenseite keine zwei Seiten, mit denen sie ein Dreieck komplettieren kann.

VIERECKE BILDEN

Dieses Spiel funktioniert genauso wie das Dreiecksspiel, aber anstelle von Dreiecken bildet ihr zwischen den Punkten Vierecke. Das müssen keine Rechtecke sein!

1 Zeichne zuerst wieder viele Punkte. Verbindet die Punkte dann abwechselnd mit geraden Linien. Diesmal zeichnet ihr keine Dreiecke, sondern Vierecke. Wer ein Viereck gebildet hat, füllt es mit seinem Stift aus.

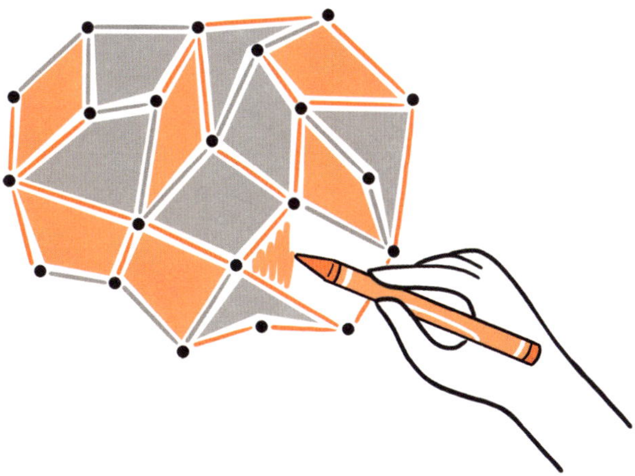

Manchmal sieht eine viereckige Form weniger wie ein Viereck, sondern mehr wie ein Pfeil aus!

VORSICHT VOR DREIECKEN!

Im letzten Spiel ging es darum, Dreiecke zu bilden. Diesmal musst du versuchen, KEIN Dreieck zu bilden!

Dieses Spiel für zwei Personen kannst du auch alleine versuchen, indem du abwechselnd zwei Stifte benutzt.

Du brauchst:

- Papier
- Stift
- pro Person einen Stift in einer anderen Farbe

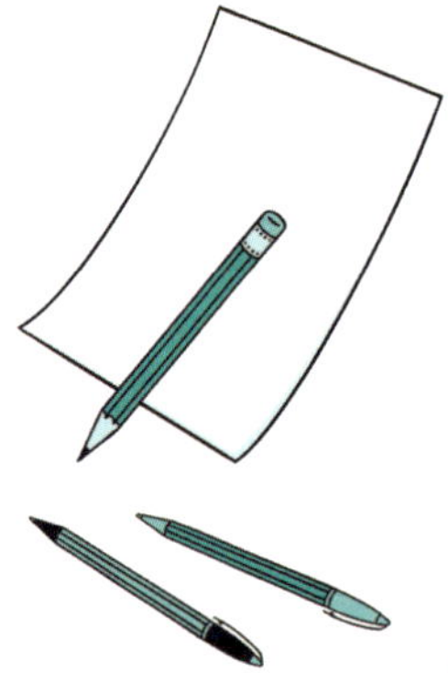

Spielablauf

1. Zeichne sechs große Punkte in Form eines Sechsecks auf das Papier, etwa so:

Es muss nicht super genau sein. Hauptsache, es sieht wie ein Sechseck aus.

2. Die Mitspielenden ziehen abwechselnd mit ihrem Stift eine gerade Linie zwischen zwei beliebigen Punkten. Hier macht Person 1 mit ihrem schwarzen Stift den Anfang.

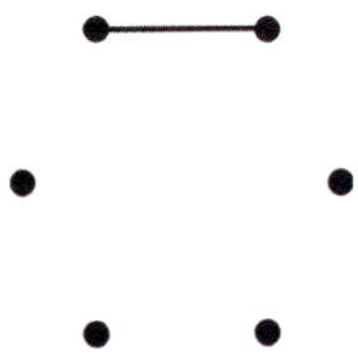

3. Ihr dürft keine Linie doppelt zeichnen. Jede Linie muss immer zwei Punkte verbinden. Fügt abwechselnd weitere Linien hinzu. Aber achte darauf, dass deine Linien kein Dreieck bilden, denn sonst hast du verloren!

Jetzt ist Person 2 mit dem blauen Stift an der Reihe.

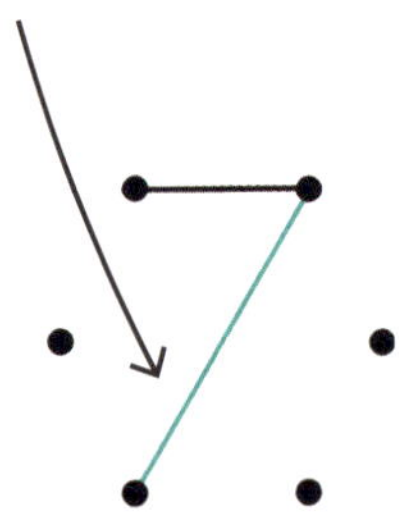

DENKT DRAN ...

Wenn ein Dreieck von beiden Personen gezeichnet wurde, verliert niemand. Dieses Dreieck ist in Ordnung.

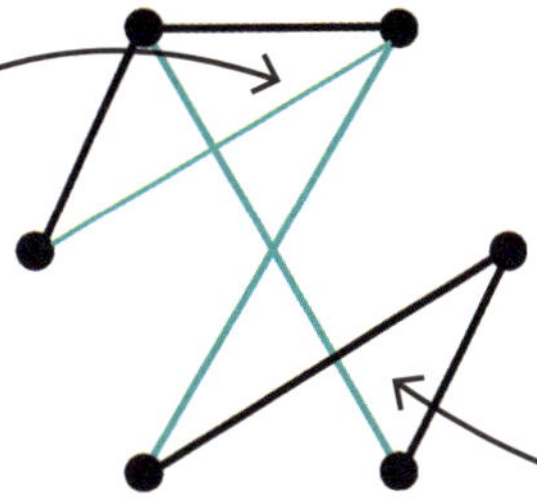

Es ist auch OK, wenn ein Dreieck innerhalb des Sechsecks entsteht und nicht an allen drei Ecken einen Punkt hat.

Wie lange schafft ihr es?

Es ist vorbei ...

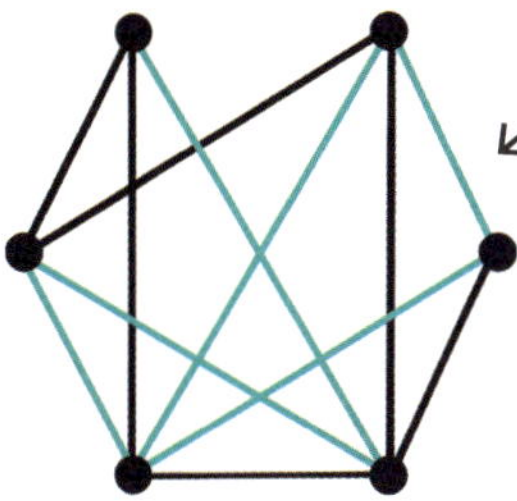

UPPS! Person 2 hat ein Dreieck gebildet. Alle Seiten sind blau und jede Ecke hat einen Punkt. Person 1 gewinnt!

Was steckt dahinter?

Dieses Spiel wird auch Sim genannt. Der Code-Experte Gustavus Simmons hat es 1969 erfunden. Mathematikerinnen und Mathematiker fanden heraus, dass Sim nicht unentschieden ausgehen kann! Irgendwer wird immer ein Dreieck bilden müssen. Fragt sich nur, ob du das sein wirst?

KRA-WUMM!

Kannst du diesem explosiven Punkt entkommen?

Ein Spiel für zwei Personen.

Spielablauf

1. Zeichne ein Dreieck aus 15 Kreisen auf ein Blatt Papier, etwa so:

2. Jede Person benutzt einen Stift in einer anderen Farbe, z. B. rot und schwarz.

Du brauchst:

- Papier
- Stifte in verschiedenen Farben

3. Nun schreibt ihr abwechselnd die Zahlen 1–7 der Reihe nach in die Kreise.

Personen 1 schreibt die 1 in einen Kreis.
Personen 2 schreibt die 1 in einen anderen.
Personen 1 schreibt die 2.
Personen 2 schreibt die 2 ... und so weiter.

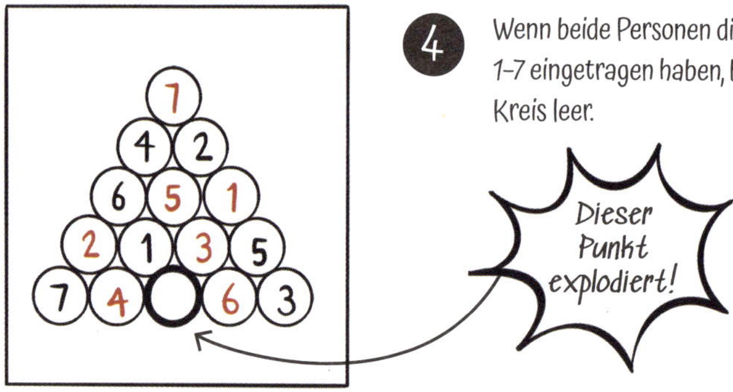

4. Wenn beide Personen die Zahlen 1–7 eingetragen haben, bleibt ein Kreis leer.

5. Es macht KRA-WUMM! und der Punkt zerstört alle Punkte, die ihn berühren. Malt den Punkt und alle zerstörten Punkte aus.

6. Zählt die übrigen Zahlen für jeden zusammen. Wer die höchste Punktzahl hat, gewinnt!

Schwarz GEWINNT!

Was steckt dahinter?

Deine höchsten Zahlen sollten nicht neben dem explodierenden Punkt stehen. Das ist knifflig, weil du sie zuletzt einträgst. Findest du die beste Strategie?

PLATZENDE BALLONS

Bei diesem Spiel geht es darum, so viele Ballons wie möglich zum Platzen zu bringen, um zu gewinnen.

Am besten für zwei Personen geeignet.

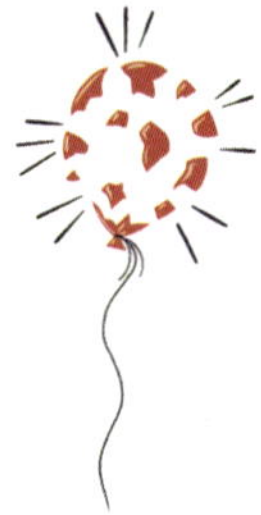

1. Zeichne zuerst ein Bündel Luftballons.

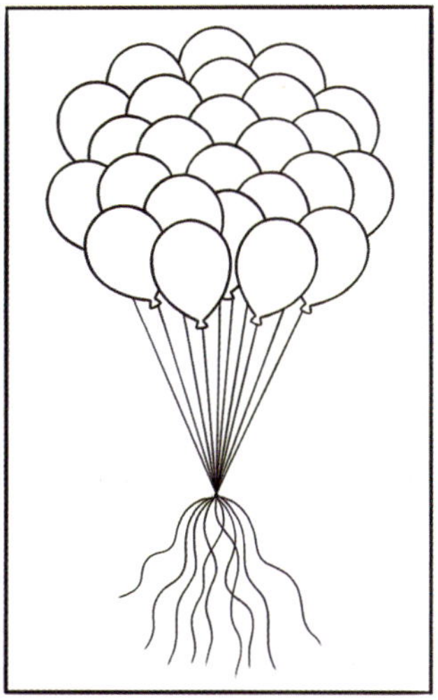

2. Jede Person nimmt einen Stift in einer anderen Farbe und malt einen Punkt auf den Ballon, den sie platzen lassen will.

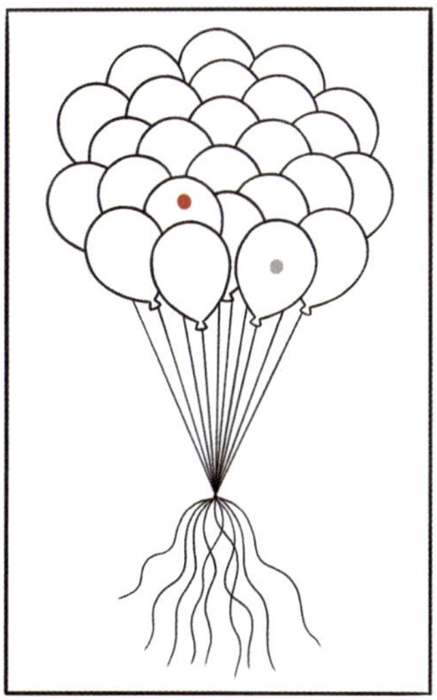

3. Beim nächsten Zug platzt dein Ballon, indem du ihn ausmalst. Du setzt einen neuen Punkt auf einen Ballon, der den ersten Ballon berührt.

4. Wechselt euch ab. Lasst den Ballon, auf den ihr einen Punkt gemalt habt, platzen und setzt einen neuen Punkt daneben.

Geplatzt!

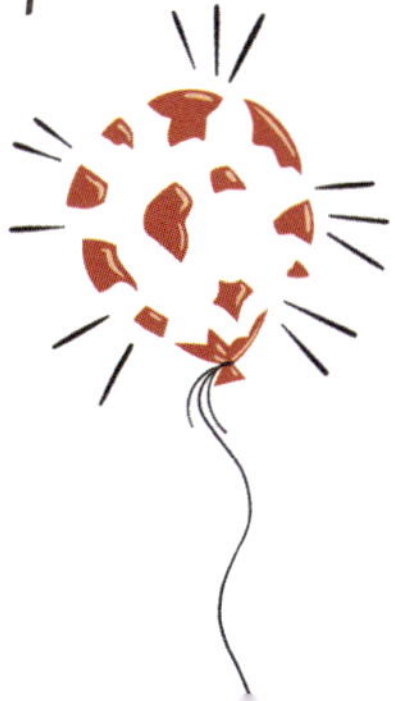

Verloren hat, wer als erstes keinen neuen Punkt mehr setzen kann!

BLÖCKE

Male ein O oder ein X und blockiere die Gegenseite!

Dies ist ein Spiel für zwei Personen.

Vorbereitung

1. Zeichne ein Raster, das sechs Kästchen breit und sechs hoch ist. (Oder zeichne einfach einen Kasten auf kariertes Papier, wenn du welches hast).

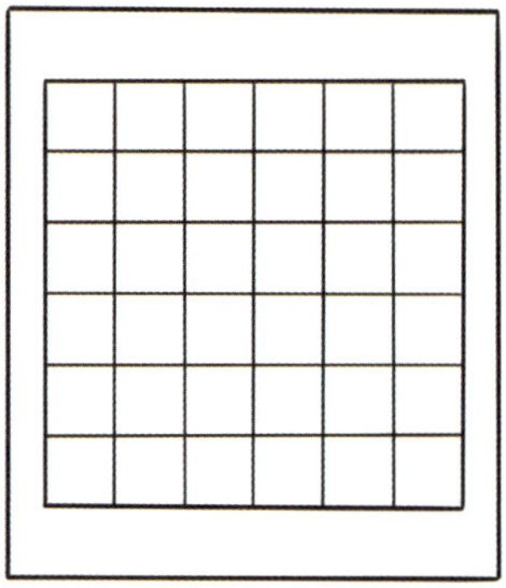

Spielablauf

2. Die Mitspielenden wählen entweder O oder X als Symbol (wie bei „Drei gewinnt" auf S. 82) und spielen abwechselnd.

3. Wenn du dran bist, wähle ein Kästchen und zeichne dein Symbol hinein. Schattiere dann alle umliegenden Felder, sodass ein „Block" entsteht.

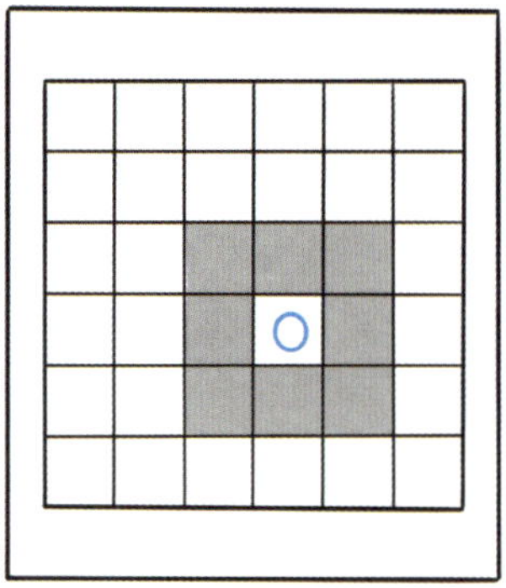

4. Die andere Person darf ihr Symbol nicht in deinen Block setzen. Sie muss ein freies Feld wählen. Ihre Blockfelder dürfen aber mit deinen überlappen.

Sie darf also zum Beispiel das machen:

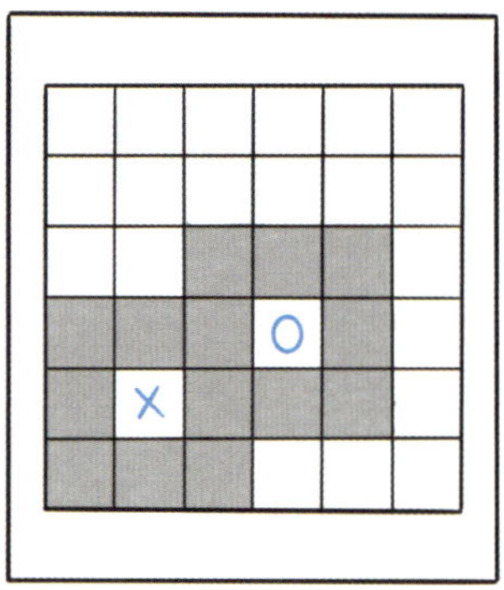

Du brauchst:

- Papier
- Lineal
- Stift

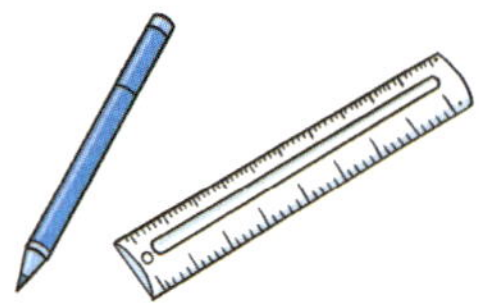

5 Zeichnet abwechselnd eure Symbole und Blöcke.

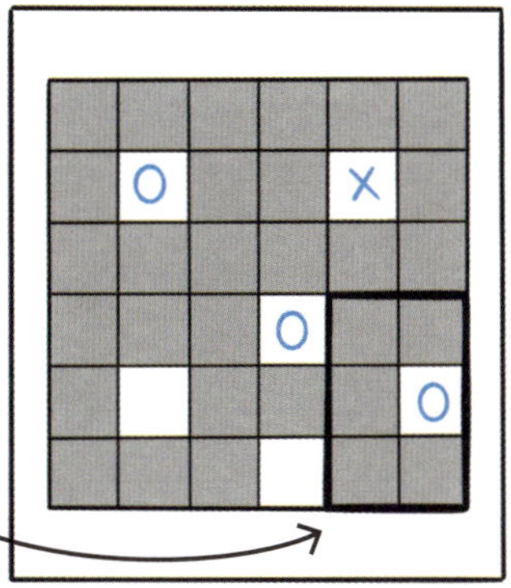

Ihr dürft euer Symbol auch in Kästchen am Rand setzen, wie hier:

Was steckt dahinter?

Wenn deine Blöcke die der Gegenseite überlappen, lässt du mehr Platz für den nächsten Zug frei. Je mehr Abstand du lässt, desto mehr Felder füllst du mit deinem Block! Du wählst deine Strategie je nach Spielphase und je nachdem, ob du Platz sparen oder verbrauchen willst.

6 Irgendwann ist kein Kästchen mehr frei. Wer zuerst keinen Zug mehr machen kann, verliert das Spiel.

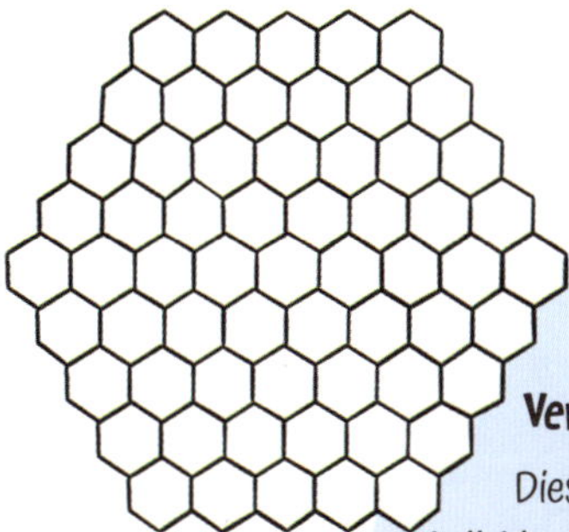

Versuche doch mal das!

Dieses Spiel kann auf einem beliebig großen Raster gespielt werden.

Versuche es doch mal mit 10 × 10 oder sogar 20 × 20 Feldern.

Kann das Raster auch aus Dreiecken oder Sechsecken bestehen?

Solche Raster findest du zum Beispiel im Internet.

MOND UND STERNE

Dieses Spiel ist ganz einfach, bringt aber stundenlangen Spielspaß! Statt Monde und Sterne könnt ihr auch Herzen und Blumen, Hunde und Katzen oder etwas anderes in die Kästchen malen!

Spielablauf

Ein Spiel für zwei Personen.

Du brauchst:

- Papier
- zwei Stifte in verschiedenen Farben (einen pro Person)

1. Zeichne ein Raster aus 6 × 6 Punkten – oder auch größer, wenn du willst.

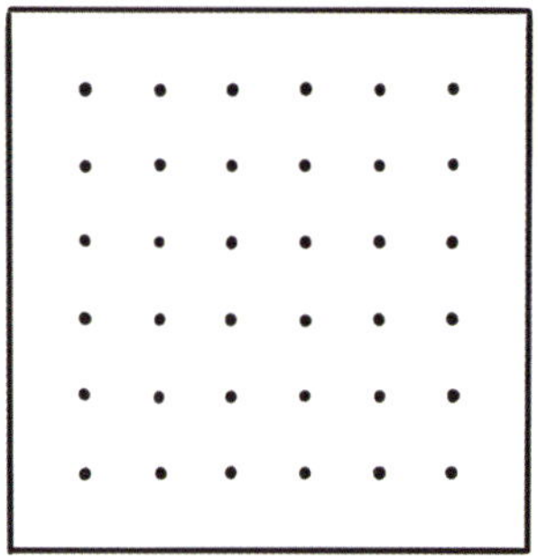

2. Entscheidet, wer Monde und wer Sterne nimmt. Wechselt euch dann ab, um das Raster mit verschiedenen Stiften zu füllen.

3. Wer am Zug ist, verbindet zwei Punkte durch eine horizontale oder vertikale Linie.

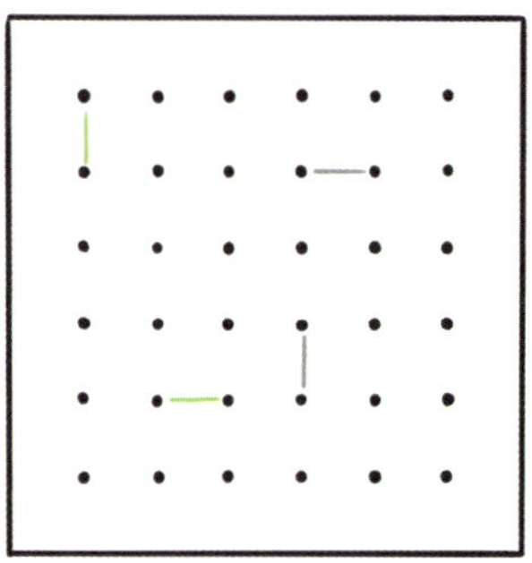

4. Immer wenn du eine Linie ziehst, die ein Quadrat vervollständigt, gewinnst du das Feld und zeichnest dein Symbol hinein.

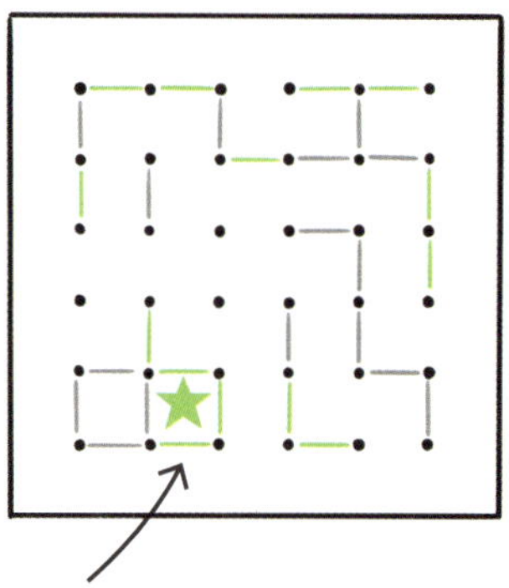

Grün hat dieses Quadrat vervollständigt und einen Stern hineingezeichnet.

5 Wer ein Quadrat vervollständigt, ist noch einmal am Zug. Manchmal kann man gleich noch einige weitere komplettieren und eine ganze Reihe von Feldern erobern!

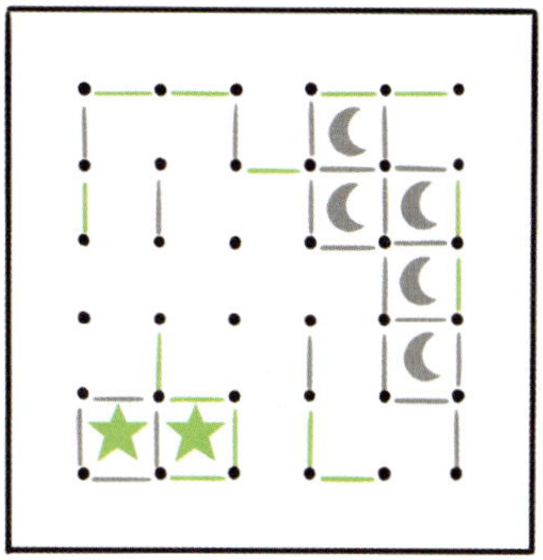

6 Wenn ihr alle Kästchen gefüllt habt, zählt sie zusammen und schaut, wer die meisten hat.

5 VERBINDEN

Ein weiteres Rasterspiel!

Du kannst allein spielen oder zwei Personen können sich abwechseln.

Spielablauf

1 Zeichne ein kreuzförmiges Raster aus Punkten.

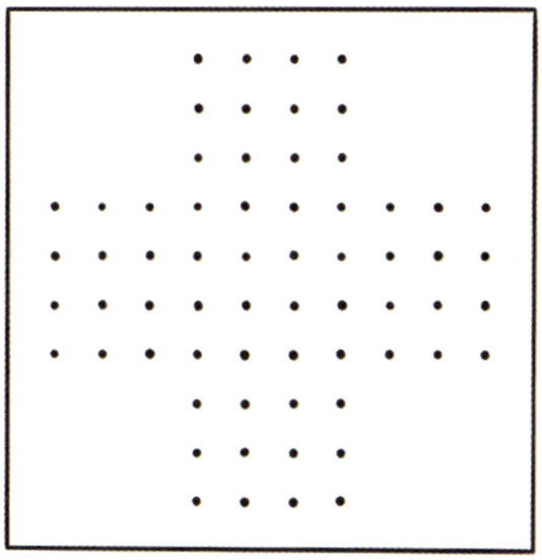

Beginne mit 4 × 4 Punkten in der Mitte. Füge auf jeder Seite 4 × 3 Punkte hinzu.

2 Zeichne eine horizontale, vertikale oder diagonale Linie durch fünf vorhandene Punkte oder durch vier vorhandene Punkte und einen zusätzlichen fünften (=Extrapunkt, in einer Reihe mit den anderen Punkten). Die Linien dürfen sich berühren oder kreuzen, aber nicht aufeinander liegen.

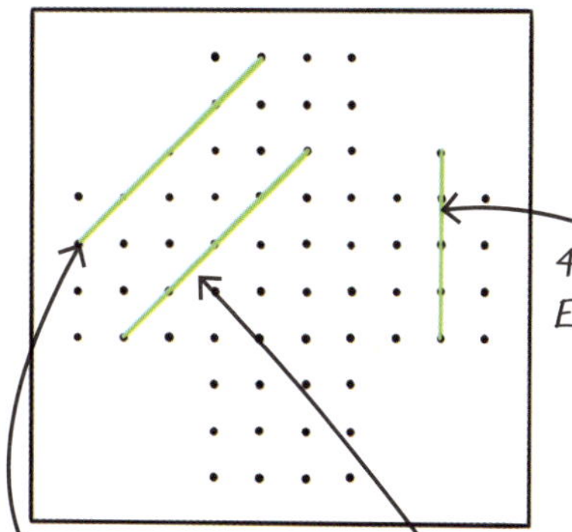

3 Füge Linien hinzu, bis es nicht mehr geht! Wie viele kannst du unterbringen?

ZAHLENLABYRINTHE

Finde deinen Weg durch ein Labyrinth, das aus Zahlen statt aus Wänden besteht!

Löse diese Labyrinthe alleine oder mit jemandem gemeinsam. Wer gut darin ist, kann sogar eigene Labyrinthe für Freundinnen und Freunde oder Familie erfinden.

Spielablauf

Du brauchst:

- Papier
- Stift
- Lineal

1 Deine erste Herausforderung ist ein einfaches Zahlenlabyrinth. Wie bei jedem Labyrinth versuchst du vom Start deinen Weg zum Ziel zu finden. Dazu musst du einem Pfad aus Zahlen in der Reihenfolge von 1 bis 20 folgen.

STARTE HIER

		2	4	3	5	7
		→	1	2	4	6
9	7	8	6	3	4	5
10	8	6	5	4	8	7
13	11	7	8	6	9	10
12	14	11	9	10	11	13
15	13	10	14	13	12	10
18	17	16	15	16		
19	18	19	20	→		

DEIN ZIEL

2 Dieses Labyrinth funktioniert genauso, aber du folgst der 3er-Reihe des Einmaleins.

STARTE HIER

		9	6	9	15	21
		→	3	12	15	9
24	31	17	29	27	18	21
46	42	39	30	34	27	24
48	32	27	42	39	30	31
51	49	41	45	36	33	35
40	38	51	48	39	42	47
46	52	54	57	61		
48	50	56	60	→		

3 Wie wäre es hiermit? Du darfst nur über gerade Zahlen durch das Labyrinth gehen.

		7	5	11	23	77
		→	4	30	51	29
95	23	67	19	88	31	1
13	21	55	83	62	46	34
81	65	36	16	47	2	12
75	27	8	98	6	54	71
61	33	44	18	28	43	39
81	97	70	20	91		
59	41	99	92	→		

Was steckt dahinter?

Diese Labyrinthe ähneln den Zahlenfolgen auf Seite 28. Anstatt aber die fehlende Zahl zu ermitteln, wählst du die richtige Zahl der Reihe aus den zufälligen Zahlen, zwischen denen sie versteckt ist.

Versuche doch mal das!

Erfinde eigene Labyrinthe nach diesen Regeln.

1 Zeichne mit dem Lineal ein Raster aus Quadraten. Hast du kariertes Papier, zeichnest du einen Kasten um mehrere Quadrate.

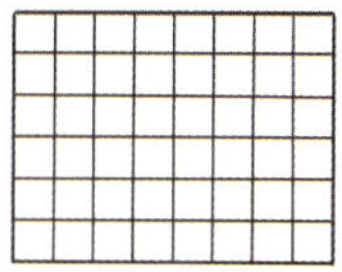

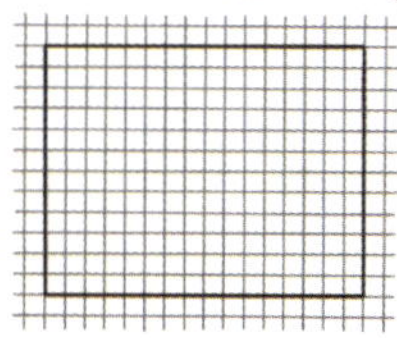

Die Größe ist egal. Für den Anfang eignen sich 6 × 8 oder 8 × 10 Quadrate.

2 Markiere den Start und das Ziel.

•							
							•

3 Entscheide, auf welcher Regel die Zahlenfolge basieren soll, und trage die Zahlen als gewundenen Weg ein (hier die 2er-Reihe).

•	2	4					
	8	6					
	10						
	12	14		22	24	26	
		16	18	20		28	
						30	•

4 Zuletzt füllst du die anderen Felder mit zufälligen Zahlen aus, und dein Labyrinth kann gelöst werden!

•	2	4	6	12	8	15	17
1	8	6	13	10	9	19	23
16	10	11	15	19	27	37	39
14	12	14	21	22	24	26	22
15	20	16	18	20	22	28	27
18	21	15	27	24	28	30	•

DREI GEWINNT

Dieser super einfache Spieleklassiker ist auch unter dem Namen tic-tac-toe bekannt.

Ein Spiel für zwei Personen.

Spielablauf

1. Zeichne ein einfaches 3 × 3 Raster, etwa so ...

Du brauchst:

- Papier
- Stift

2. Die Mitspielenden zeichnen abwechselnd ihr Symbol (O oder X) in das Raster. Wer zuerst drei Symbole in einer Reihe hat, gewinnt!

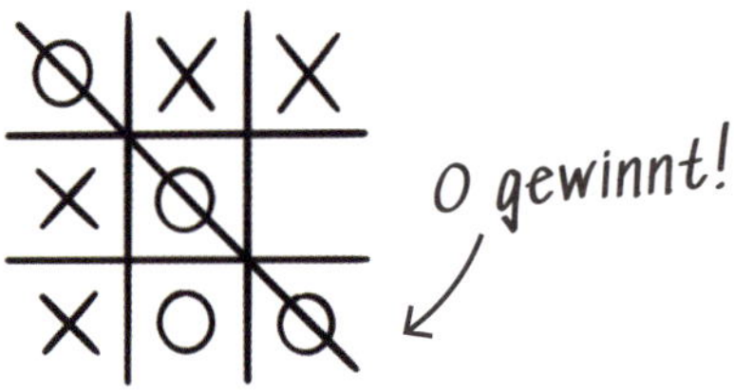

Was steckt dahinter?

Du musst die Gegenseite daran hindern, drei in eine Reihe zu bekommen. Die Reihen führen oft durch das mittlere Feld. Wenn du als erstes dran bist, solltest du also immer die Mitte nehmen!

VIER GEWINNT

Was passiert, wenn du „Drei gewinnt" vergrößerst?

1. Zeichne diesmal ein 4 × 4 - Raster auf Papier.

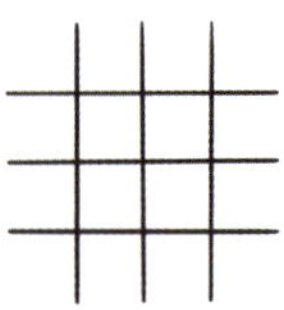

2. Beide zeichnen wieder abwechselnd ihr Symbol (O oder X) in das Raster. Diesmal gewinnt, wer zuerst vier in einer Reihe hat.

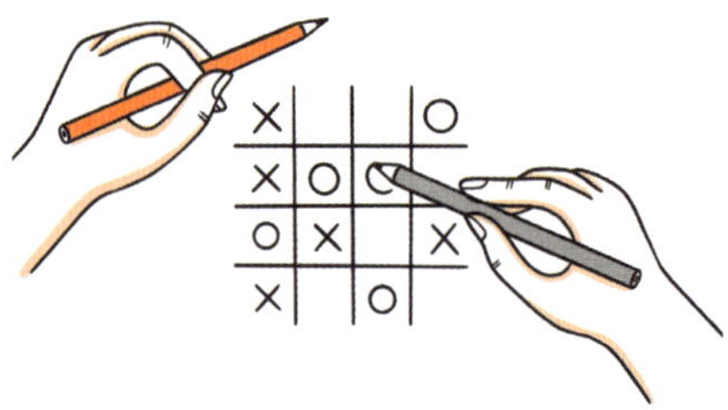

SUPER-DREI GEWINNT

Diese Variante heißt auch Meta-tic-tac-toe!

1. Zeichne zuerst ein Raster, das genau so aussieht:

Ein großes „Drei gewinnt" mit einem kleinen „Drei gewinnt" in jedem Feld

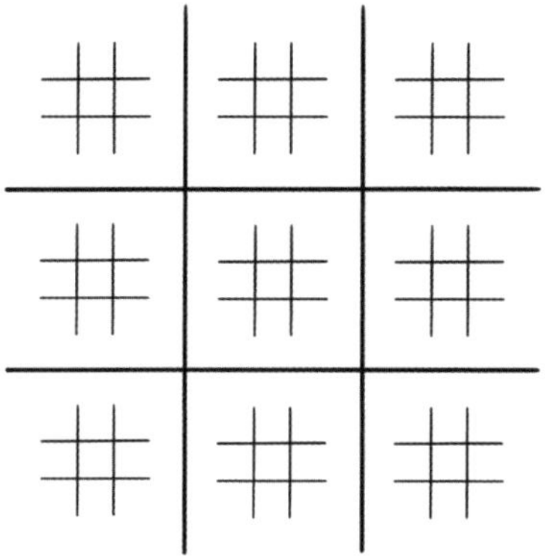

2. Die erste Person setzt ihr Symbol in ein beliebiges Feld.

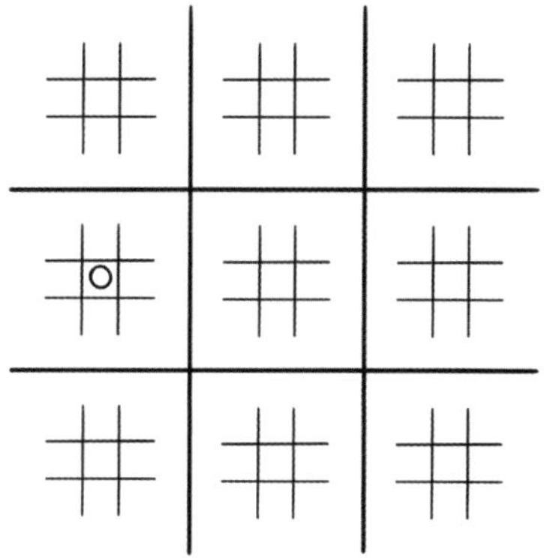

3. Da die erste Person auf das mittlere Feld des Mini-Rasters gesetzt hat, muss die andere ihr Symbol auf das mittlere Feld des großen Rasters setzen.

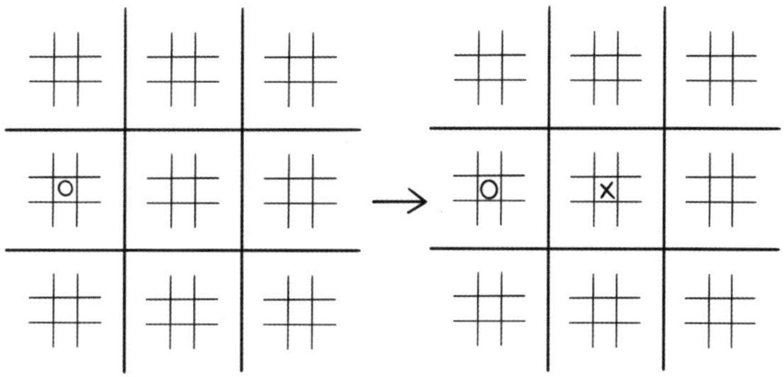

4. So geht es Zug um Zug. Das Feld im Mini-Raster, auf das die Person setzt, entscheidet, welches Feld im großen Raster die Gegenseite als nächstes nutzen muss.

5. Wer ein Mini-Raster gewinnt, malt sein Symbol darauf. (Bei Unentschieden kritzelt ihr es durch.)

6. Wenn ein Zug vorgibt, dass du auf einem fertigen Raster ziehen sollst, darfst du ein anderes wählen.

7. Gewinne drei Mini-Spiele in einer Reihe, um das große Spiel zu gewinnen!

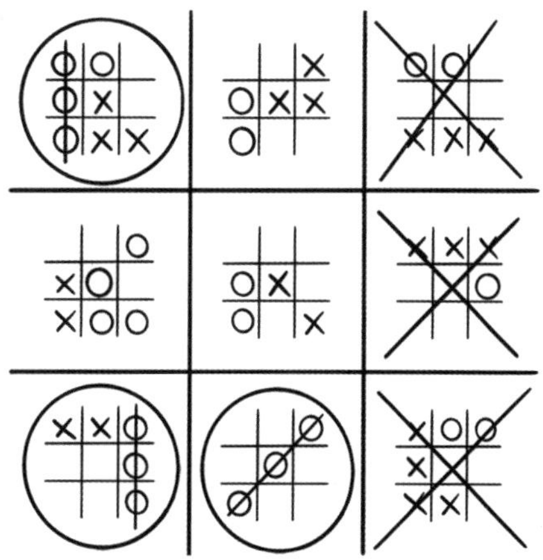

X gewinnt!

SCHIFFE VERSENKEN

Schieße auf die Schiffe der Gegenseite um sie zu versenken.

Für zwei Personen.

Du brauchst:

- Papier, am besten kariert
- Stift

Vorbereitung

1. Zeichne und beschrifte die Spielfelder, am besten auf kariertem Papier. Jede Person bekommt ein Blatt Papier, auf dem zwei Raster nebeneinander liegen. So soll ein Blatt aussehen:

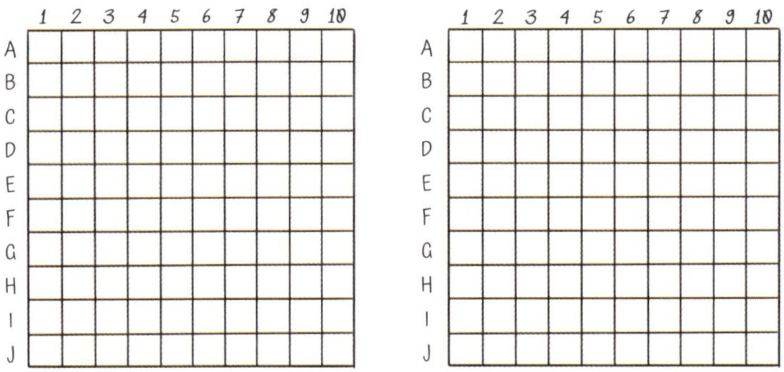

2. Baut das Spiel so auf, dass ihr das Blatt des anderen nicht seht. Ihr könnt zum Beispiel eine Cornflakes-schachtel zwischen euch auf den Tisch stellen.

3. Nun zeichnet jede Person diese fünf Schiffe irgendwo auf ihr linkes Spielfeld.

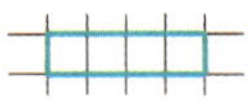

1 Schlachtschiff: 4 Felder

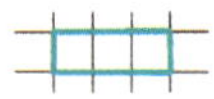

1 Kreuzer: 3 Felder

1 U-Boot: 2 Felder

2 Schlepper: je 1 Feld

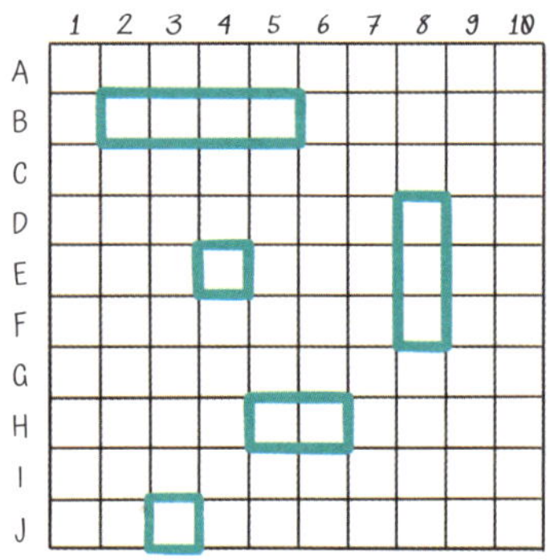

Spielablauf

4 Bei einem Spielzug „schießt“ du auf ein Feld der Gegenseite, indem du die Koordinate sagst, z. B. „F5“. Die Gegenseite sagt dir, ob es ein Treffer war, der auf einem Schiff gelandet ist, oder ein Fehlschuss ins Wasser.

5 Ergebnisse werden rechts im Raster notiert. War „F5“ ein Treffer, schreibe X ins Feld F5. Bei einem Fehlschuss schreibe O.

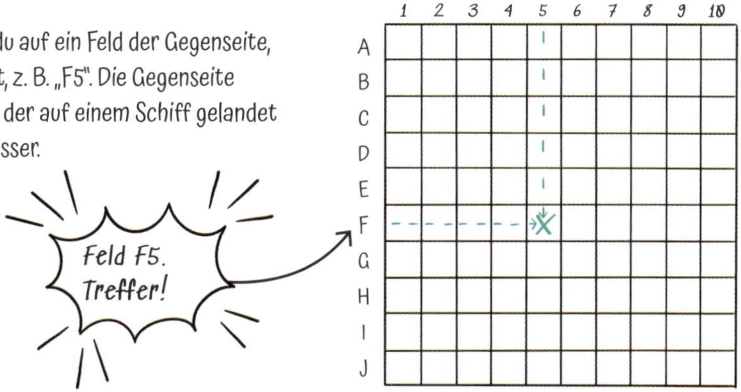

6 Dann schießt die Gegenseite auf eines deiner Felder und du sagst, ob es ein Treffer oder Wasser war. Zeichne X oder O auf dein linkes Raster – X für einen Treffer, O für einen Schuss ins Wasser.

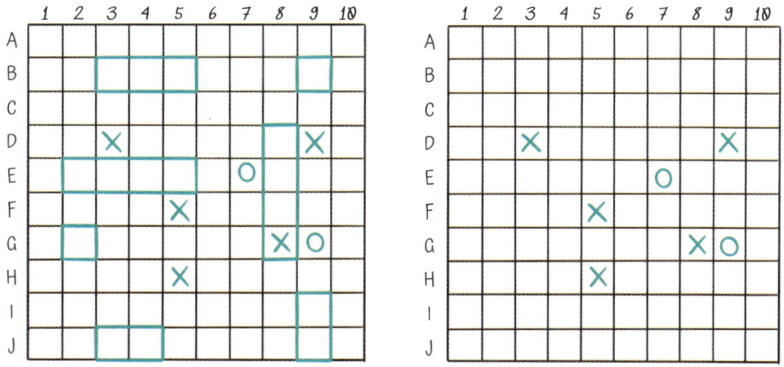

7 Wechselt euch ab. Zug um Zug füllen sich die Raster mit X und O.

Dein Vierer-Kreuzer ist der Stolz deiner Flotte. Wenn die Gegenseite es versenkt, rufst du:

8 Hat eine Person alle Felder auf einem Schiff der Gegenseite getroffen, hat sie es versenkt! Wer zuerst alle gegnerischen Schiffe versenkt hat, gewinnt.

MURMELHAUS

Dieses einfache Murmelspiel erfordert Zielsicherheit und Zahlenverständnis.

Du brauchst:

- große Pappschachtel
- Schere
- Filzstifte
- Stapel Bücher
- Murmeln (oder andere kleine, schwere Kugeln)
- glatte, ebene Spielfläche, z. B. ein Laminatboden
- Pappröhre (je länger, desto besser)

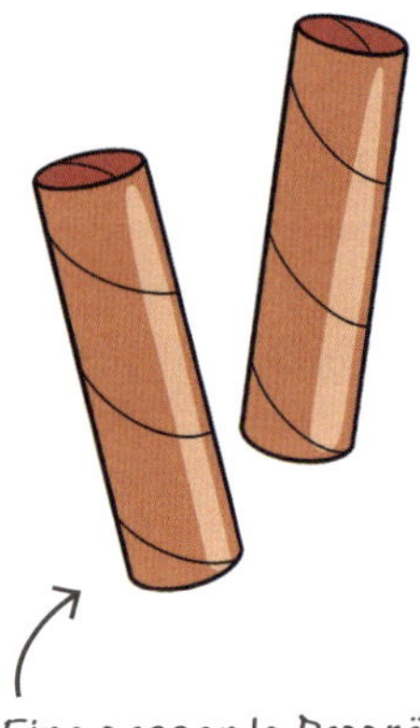

Eine passende Pappröhre findest du in einer Rolle Küchenpapier, Alufolie, Frischhaltefolie oder Geschenkpapier.

Vorbereitung

1. Schneide mit Hilfe einer erwachsenen Person die oberen Laschen der Pappschachtel ab.

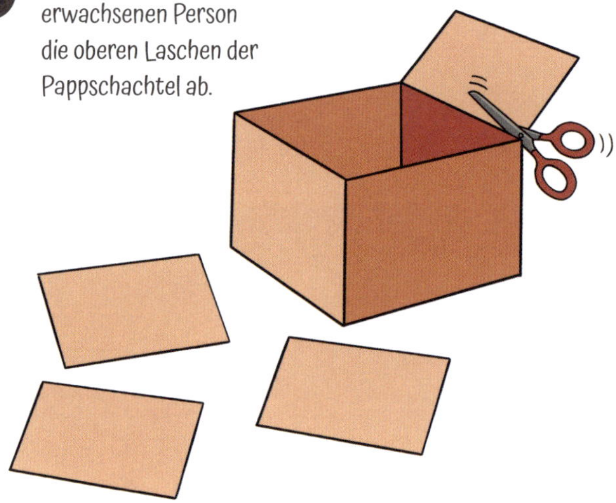

2. Drehe die Schachtel um und zeichne sechs bogenförmige Türchen entlang des Bodens.

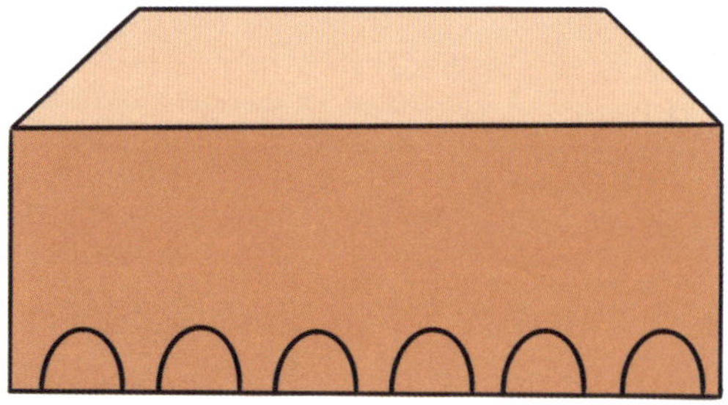

3 Schneide die Türchen vorsichtig aus und beschrifte sie mit den Zahlen 5, 20, 50, 30, 15 und 5.

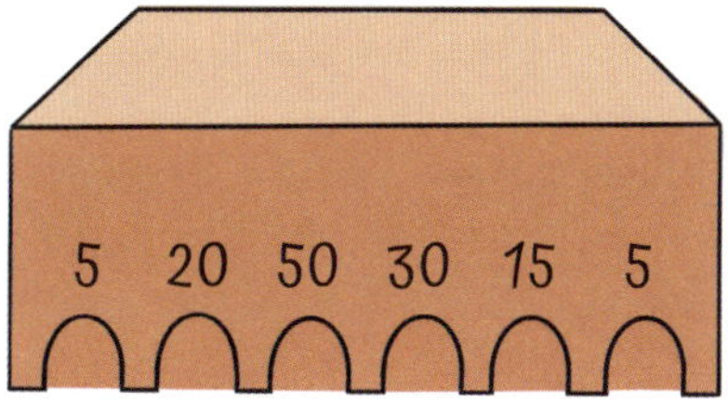

4 Nimm nun deine Papprõhre und lehne sie auf den Bücherstapel, sodass sie leicht abwärts geneigt ist. Stelle dein Murmelhaus etwa 1–2 m entfernt auf. Jetzt geht's los!

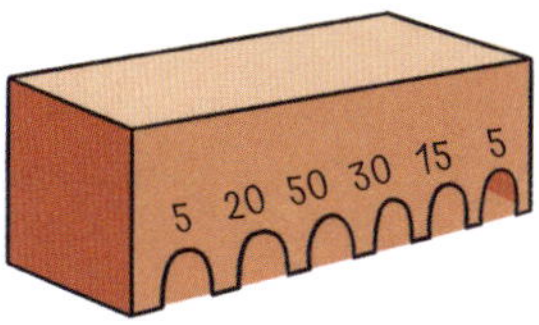

Spielablauf

Dieses Spiel kann mit beliebig vielen Personen gespielt werden.

5 Richte die Papprõhre auf das Ziel und lasse eine Murmel die Röhre hinunterrollen.

- Wenn du mit Freundinnen oder Freunden spielst, entscheidet euch für eine Anzahl von Würfen, z. B. drei oder fünf, und wetteifert um die höchste Punktzahl!
- Oder wählt ein Vielfaches von 5 zwischen 15 und 100 und fordert euch gegenseitig heraus, genau diese Punktzahl zu erreichen.

In diesem Beispiel musst du Zahlen treffen, die zusammen 75 ergeben – wie etwa 50, 15 und 10.

KATAPULT

Dieses Zielspiel ist etwas schwieriger als das letzte, denn du musst deinen Ball durch die Luft schießen, anstatt ihn nur über den Boden zu rollen!

Vorbereitung

1. Befestige den Löffelstiel in der Mitte an deinem Bleistift oder Essstäbchen, indem du ein Gummiband mehrmals darum wickelst.

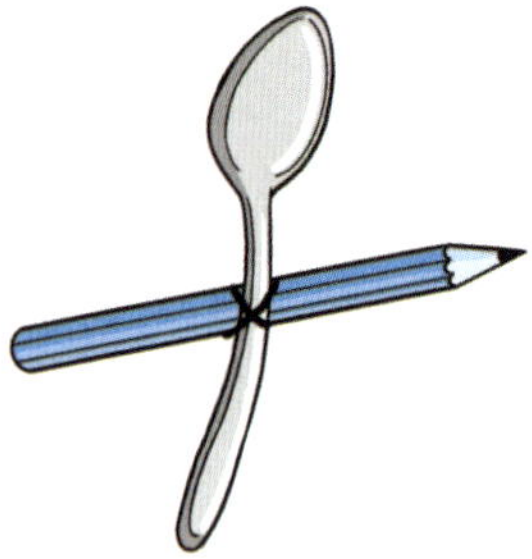

Dies ist ein Spiel für beliebig viele Personen.

2. Stecke die Enden des Stifts oder Stäbchens durch die Schachtelseiten. Bitte eine erwachsene Person dir zu helfen, falls es zu schwer ist.

3. Befestige ein Gummiband am Ende des Löffelstiels. Bohre mit Hilfe einer erwachsenen Person mit einem Bleistift oder einer spitzen Schere ein Loch in den Boden der Schachtel. Fädle das andere Ende des Gummibandes durch das Loch.

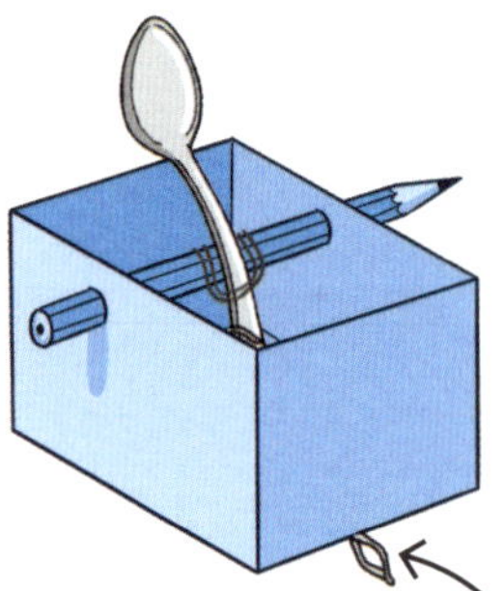

Ziehe die Büroklammer durch das Gummiband und befestige sie mit Klebeband.

Du brauchst:

- kleine Schachtel
- Esslöffel
- Bleistift oder Essstäbchen
- Schere
- Gummibänder
- Büroklammer
- Klebeband
- harmlose Wurfgeschosse, wie Wattebällchen, Mini-Pom-Poms oder zerknüllte Papierkugeln
- Schachteln oder Schüsseln als Ziele

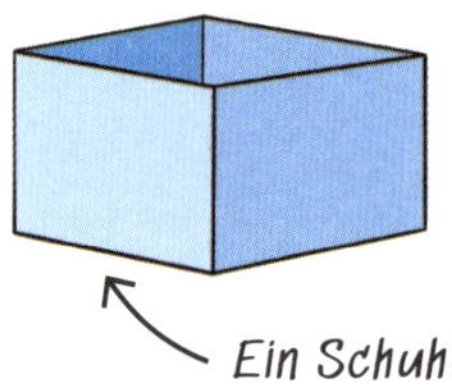

Ein Schuhkarton ist perfekt.

Spielablauf

4 Wenn alles geklappt hat, kannst du den Löffel nach unten drücken, und er schnappt wieder hoch, wenn du ihn loslässt!

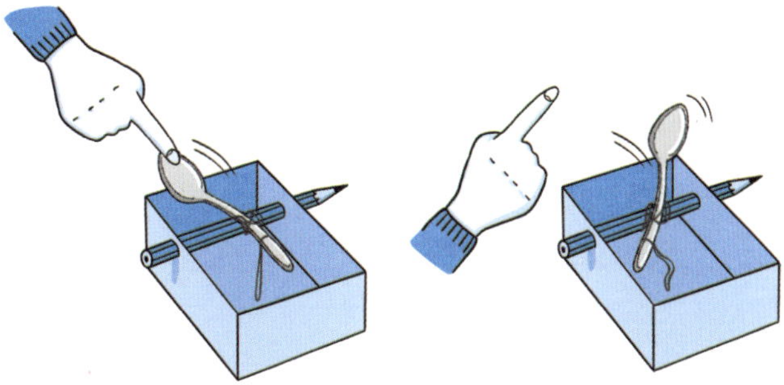

5 Jetzt brauchst du noch ein paar Ziele, wie kleine Kunststoffbehälter, Pappbecher oder Kartons. Beschrifte sie mit verschiedenen Punktzahlen, z. B. 10, 20, 50 und 100, und baue sie 2–3 m von deinem Katapult entfernt auf. Stelle die Ziele mit den höchsten Punktzahlen weiter weg!

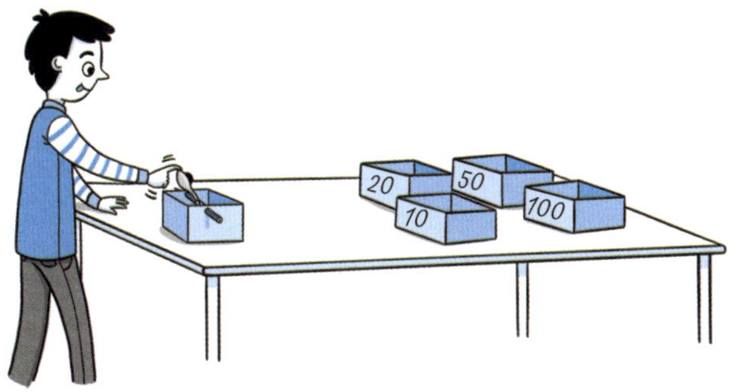

6 Lege ein Geschoss in die Mulde des Löffels, ziele und schieße! Wie viele Punkte schaffst du?

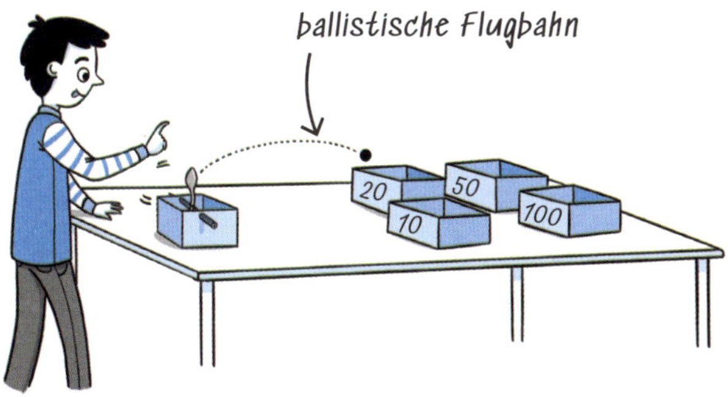

Was steckt dahinter?

In diesem Spiel geht es um Ballistik. Das ist die Mathematik der Flugbahnen. Schätze, wie sehr du den Löffel nach unten ziehen musst, damit das Geschoss weit genug fliegt und das Ziel trifft. Die Kurve, auf der das Geschoss durch die Luft fliegt, nennt man ballistische Flugbahn.

HEXAMINO

Dieses Spiel ist wie Domino, nur mit Hexagonen!

Vorbereitung

1. Schneide zuerst deine Hexagone aus. Du brauchst etwa 20–30, oder auch mehr, wenn du möchtest. Pause dazu diese Schablone mit Bleistift und Lineal auf Transparentpapier ab. Schneide sie aus und zeichne damit Hexagone auf deine Pappe.

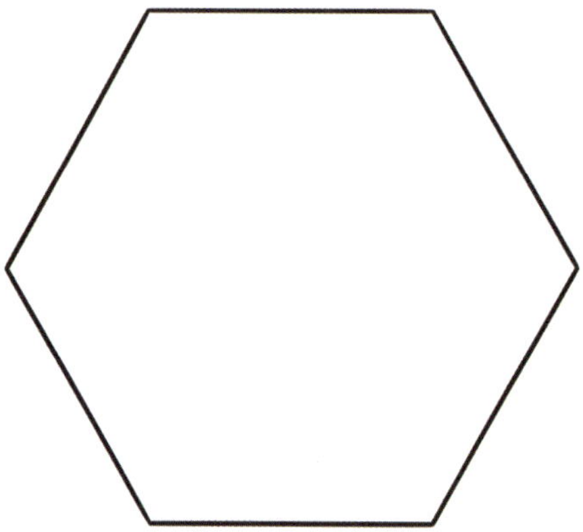

Für 1–4 Personen oder mehr, wenn du genug Kärtchen hast.

Du brauchst:

- dünne Pappe, die sich leicht schneiden lässt, wie etwa Bastelkarton, Müslischachtel oder eine andere Pappschachtel
- Bleistift
- Lineal
- Schere
- Pauspapier oder Pergamentpapier
- Filzstifte in verschiedenen Farben

2. Schneide die Hexagone vorsichtig aus. Verbinde die Ecken jedes Hexagons mit Linien durch die Mitte, etwa so:

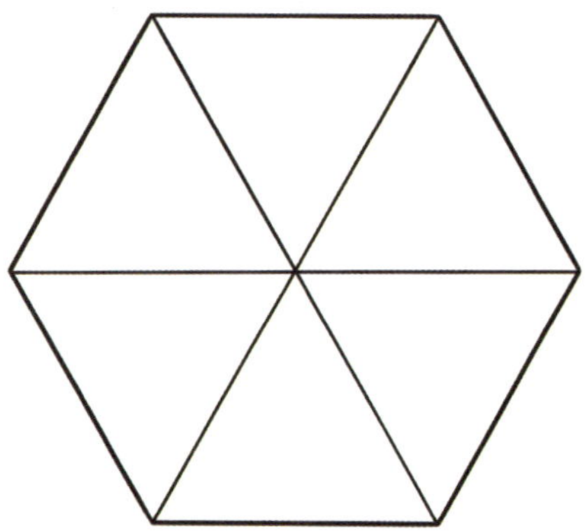

3 Male mit deinen Filzstiften jedes Dreieck in einer anderen Farbe aus.

4 Wiederhole das mit allen Hexagonen. Jedes Hexagon muss sechs verschiedenfarbige Dreiecke enthalten, eines von jeder Farbe. Die Reihenfolge spielt dabei keine Rolle. Wenn du mindestens 20 Hexagone fertig hast, kann es losgehen.

Spielablauf

5 Verteile die Hexagone gleichmäßig an alle Mitspielenden.

6 Dann legt ihr eure Spielkarten reihum auf einer ebenen Fläche ab.

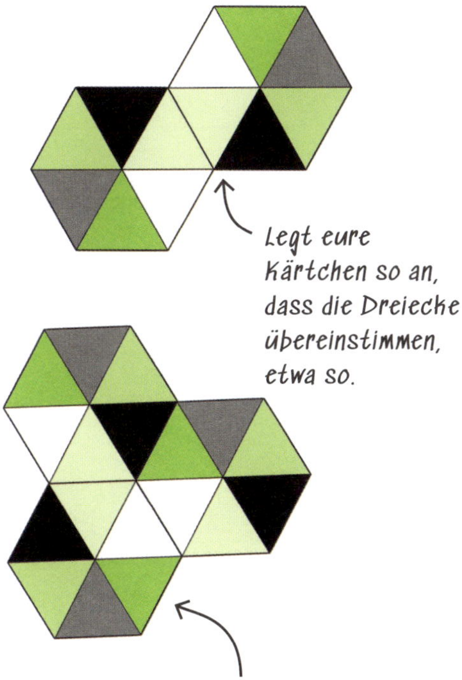

Manchmal passen sogar zwei Dreiecke farblich zusammen, so wie hier!

7 Wenn ein Dreieck übereinstimmt, gibt es einen Punkt, für zwei Dreiecke zwei Punkte und so weiter! Wenn die Kärtchen alle sind, gewinnt die Person mit der höchsten Punktzahl.

SCHATZINSEL

Lege eine Spur von Hinweisen, die enthüllen, wo der Schatz versteckt ist.

Erfinde eine Schatzsuche für eine Freundin bzw. einen Freund oder fordert euch gegenseitig heraus.

Du brauchst:

- kariertes Papier
- Lineal
- Filzstifte und Bleistifte
- Wachsmal- oder Buntstifte

Vorbereitung

1. Zeichne zunächst ein Raster: Male einen großen Kasten, der etwa 15 cm breit und 20 cm hoch ist. Zeichne mithilfe eines Lineals horizontal und vertikal Linien in deinen Kasten, so dass sich kleine Quadrate mit einer Seitenlänge von 1 cm ergeben.

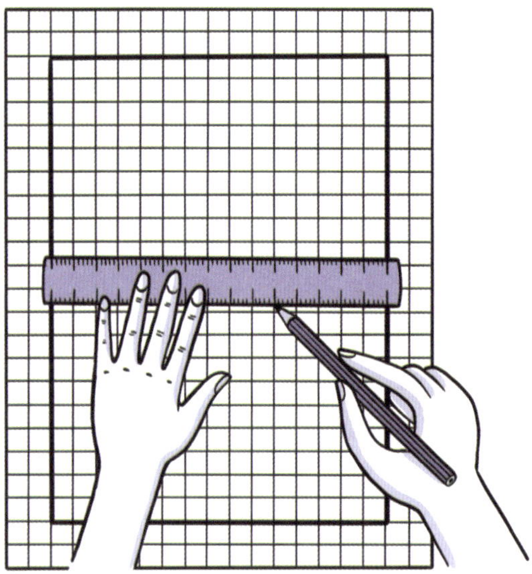

2. Beschrifte die Kästchen an der Oberseite mit den Zahlen 1 bis 15 und die Kästchen an der linken Seite mit den Buchstaben A bis T.

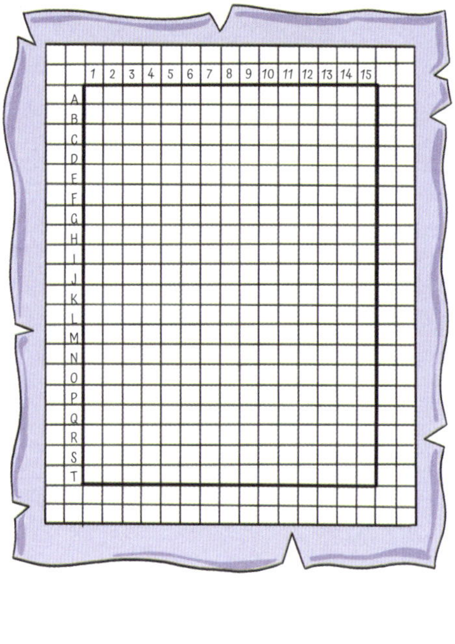

3 Zeichne nun die Karte einer verlassenen Schatzinsel auf dein Raster. Füge ganz nach deinem Geschmack Sandbuchten, Klippen, Berge, einen Vulkan, einen Wald, alte Ruinen, Ortsnamen oder andere Details hinzu. Zeichne einen Kompass mit Nord, Süd, Ost und West in eine Ecke.

Spielablauf

4 Such dir ein Kästchen aus, das sich gut als Versteck für deinen Piratenschatz eignet. Markiere es aber nicht auf der Karte, sondern schreibe die Koordinate auf ein anderes Blatt Papier, zum Beispiel I9.

5 Dann schreibe deiner Freundin oder deinem Freund Anweisungen, wie der Schatz gefunden werden kann.

Das könnte in etwa so aussehen:

- Gehe bei K1 vor Anker.
- Gehe sechs Felder nach Osten.
- Mache eine Vierteldrehung im Uhrzeigersinn.
- Gehe drei Felder vorwärts.
- Drehe dich nach Norden.
- Gehe geradeaus, bis du die Berge erreichst.
- Drehe dich nach links.
- Gehe zwei Felder rückwärts.
- Du stehst genau auf dem Schatz!

6 Deine Freundin oder dein Freund muss die Anweisungen genau befolgen, um das richtige Kästchen zu finden. Gelingt es?

ZAHLENFOLGEN VERBINDEN

Erfinde mathematische Punkt-zu-Punkt-Rätsel für deine Freundinnen und Freunde.

Vorbereitung

1 Bevor du anfängst, schau dir an, wie es funktioniert.

- Anstatt nur Punkte zu verbinden, musst du Zahlen finden, die eine Folge bilden.

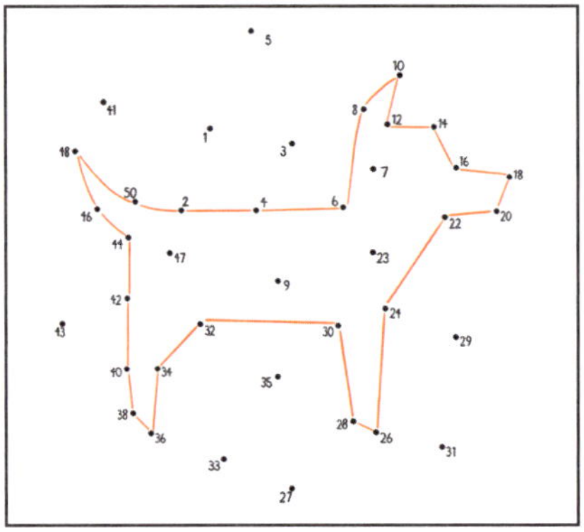

- In diesem Rätsel sind es die geraden Zahlen von 2 bis 50.
- Suche also zuerst die 2 und beginne dort.
- Zeichne von dort eine Linie zur 4, dann zur 6, 8, 10, und so weiter.

Du brauchst:

- Papier
- Bleistift u. Filzstift
- Radiergummi

Gib das Rätsel einer Person oder mehreren, die gegeneinander wetteifern.

2 Entscheide dich für ein Motiv, zum Beispiel eine Katze.

Zeichne eine einfache Katze – mit einer einzigen Bleistiftlinie.

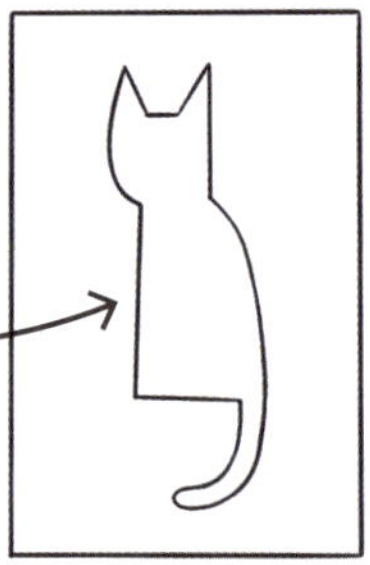

3 Setze mit dem Filzstift Punkte entlang der Linie.

Male Punkte an die Ecken ...

... und entlang der Kurven.

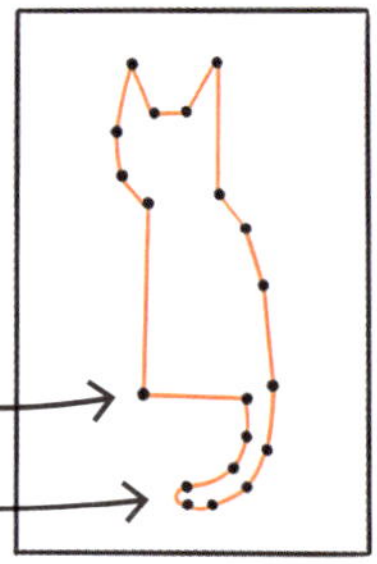

4 Nummeriere die Punkte mit einer Zahlenfolge. Das können die geraden Zahlen sein oder eine beliebige andere Folge.

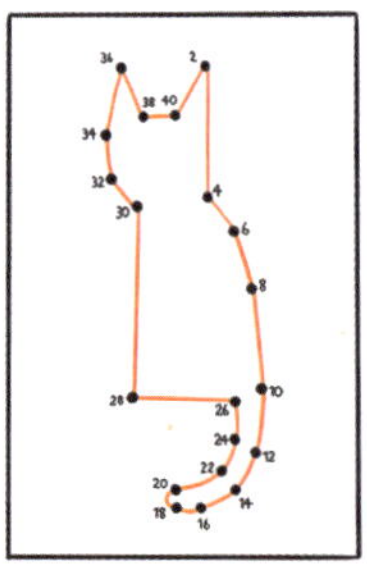

2 4 6 8 10 12 14 16 18 20 22 24

5 Radiere nun die Bleistiftzeichnung aus, sodass nur die Punkte übrig bleiben.

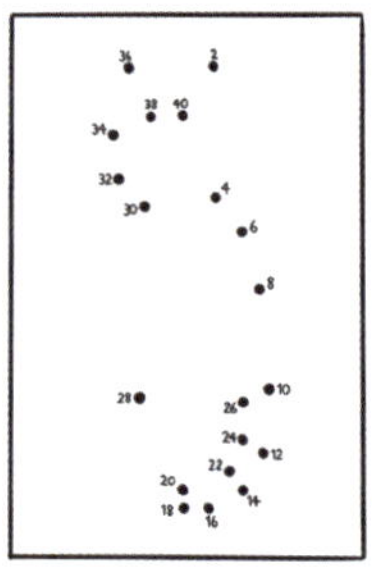

6 Zum Schluss fügst du weitere Punkte hinzu und nummerierst sie. Achte darauf, dass du keine Zahlen aus deiner Folge verwendest!

EXTRA KNIFFLIGES PUNKT-ZU-PUNKT-RÄTSEL

Dies ist eine besonders schwierige Variante!

1 Wie im vorherigen Spiel zeichnest du mit einer leichten Bleistiftlinie ein einfaches Bild.

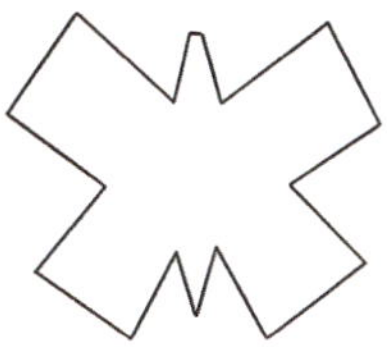

2 Setze mit dem Filzstift Punkte entlang der Linie und an die Ecken.

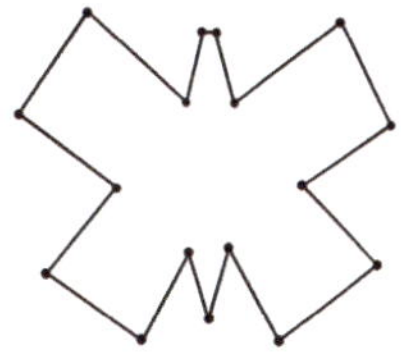

3 Dann fügst du Zahlen hinzu – aber diesmal sind sie völlig zufällig. Du könntest zum Beispiel diese Zahlen verwenden:

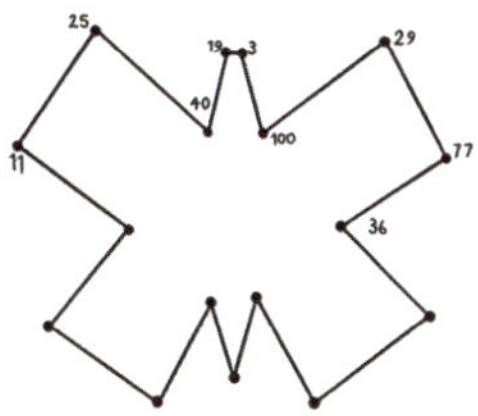

•11 •25 •40 •19 •3 •100 •29 •77 [etc.]

4 Bevor du die Linien ausradierst, schreibe die Zahlen in der richtigen Reihenfolge auf.

11
25
40
19
3
100
29
77

5 Mache nun aus jeder Zahl eine Gleichung. Im Beispiel ist die erste Zahl 11; du könntest daraus 6 + 5 machen.

1. 6 + 5
2. 5 × 5
3. 10 × 4
4. 25 − 6
5. 12 ÷ 4
6. 10 × 10
7. 5 + 16 + 8
8. 7 × 11

6 Mache das für alle Zahlen, dann radiere deine Linien aus und füge weitere Punkte hinzu. Gib ihnen zufällige Zahlen, die du nicht schon verwendet hast.

Wer kann dein Rätsel lösen?

3D DREI GEWINNT

Tic-Tac-Toe kennst du ja schon – aber schaffst du es auch dreidimensional?

Dies ist ein Spiel für zwei Personen.

Du brauchst:

- Wellpappkarton
- Lineal
- Schere
- Klebstoff
- 4 Stifte oder Essstäbchen
- rote und schwarze Filzstifte

Vorbereitung

1. Zeichne mit Stift und Lineal 6 Quadrate auf die Pappe. Sie sollten etwa 12 cm lang und breit sein. Schneide sie vorsichtig aus.

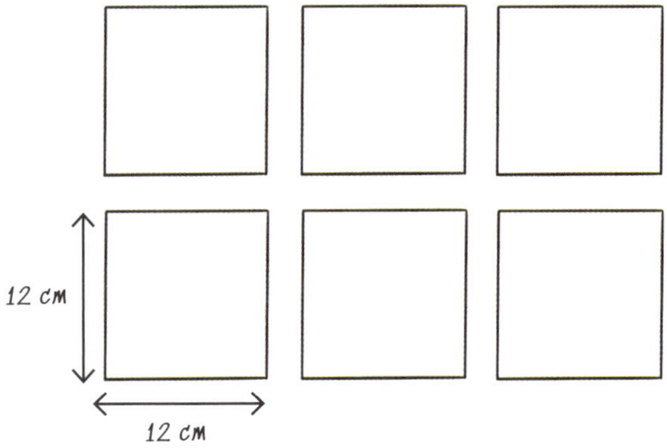

2. Zeichne auf drei Quadrate ein Raster aus neun Feldern.

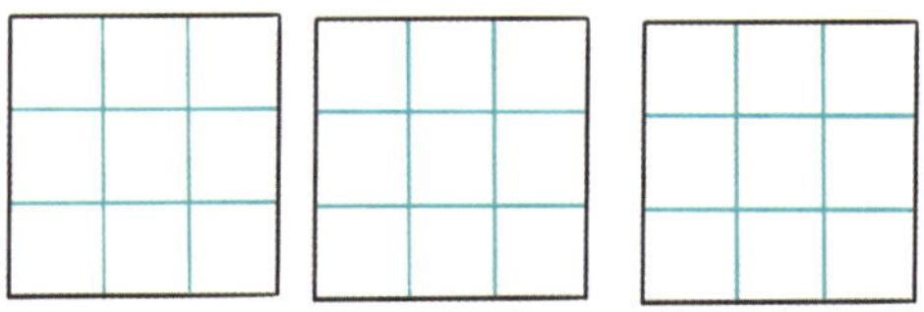

3. Zeichne in jedes Feld einen Kreis. Nutze dafür zum Beispiel eine Münze als Schablone.

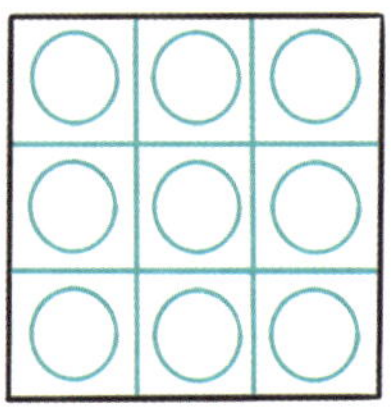

4. Bitte eine erwachsene Person, die Kreise mit einer spitzen Schere auszuschneiden.

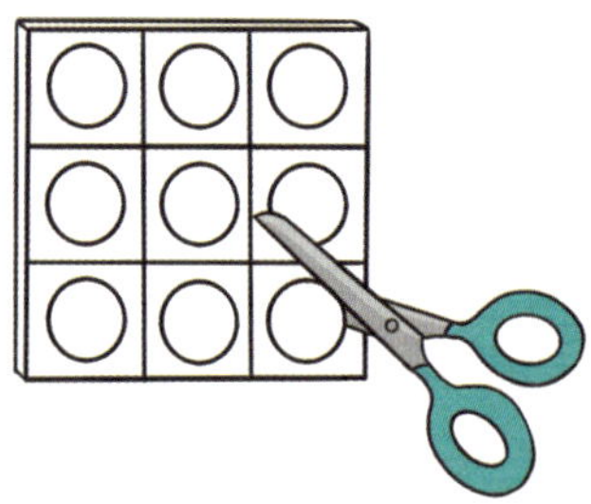

5 Nimm die drei übrigen Pappquadrate und klebe sie zu einem Stapel zusammen.

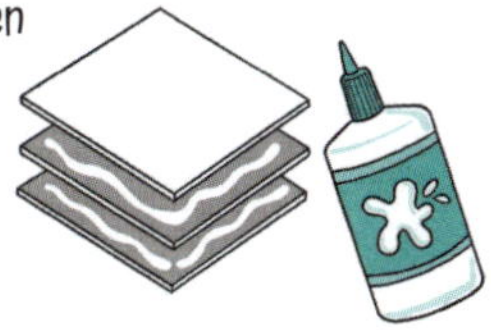

6 Nimm eines der Quadrate mit Löchern und klebe es oben drauf.

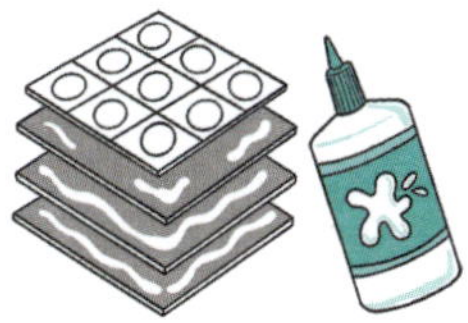

7 Stecke die vier Bleistifte oder Essstäbchen durch die Ecken eines der beiden anderen Quadrate.

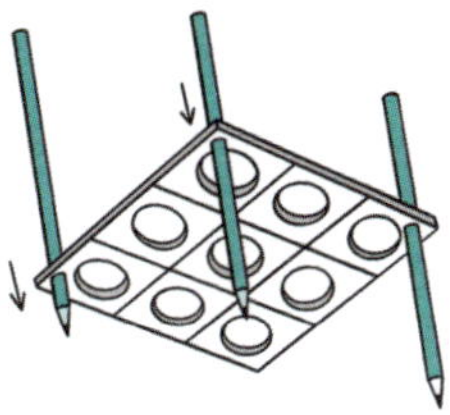

8 Dann stecke sie durch das letzte übrige Quadrat.

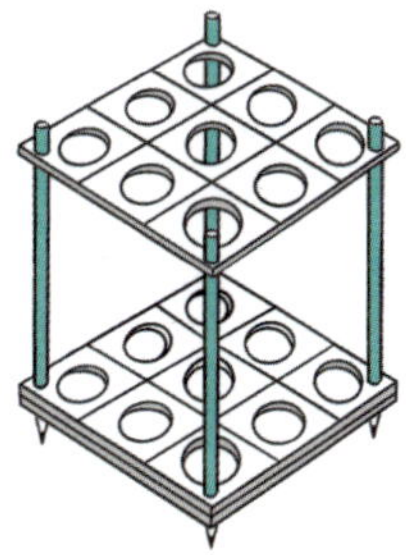

9 Zum Schluss steckst du sie in deinen Quadratstapel.

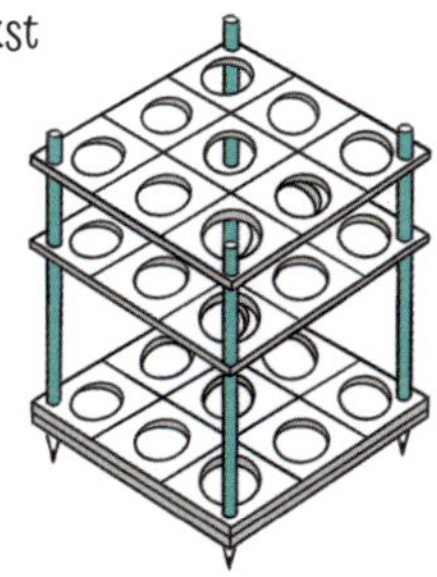

10 Schiebe die Quadrate so zurecht, dass eines auf halber Höhe der Stifte und das andere ganz oben ist.

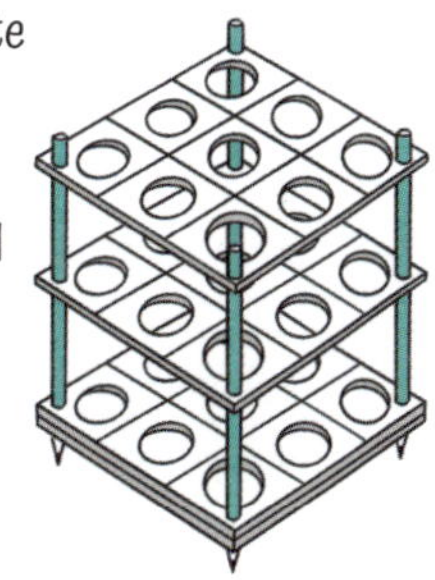

Spielablauf

11 Als Spielsteine schneidest du 15 Kreuze und 15 Kreise aus Pappe aus. Male die Kreuze rot und die Kreise schwarz an.

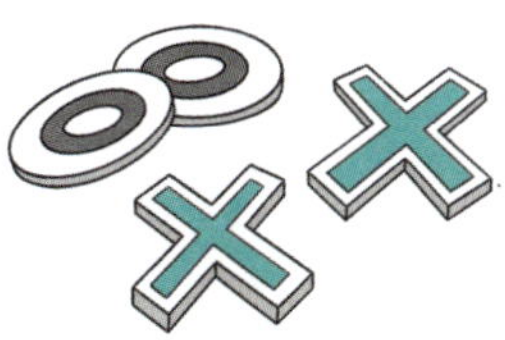

12 Beide Personen setzen wie bei „Drei gewinnt" abwechselnd ihre Symbole auf die Felder. Diesmal gibt es mehr Wege, um drei in eine Reihe zu bekommen!

Du kannst drei in einer Reihe auf einer beliebigen Ebene haben ...

... oder drei senkrecht übereinander,

... oder sogar eine diagonale Reihe von oben nach unten!

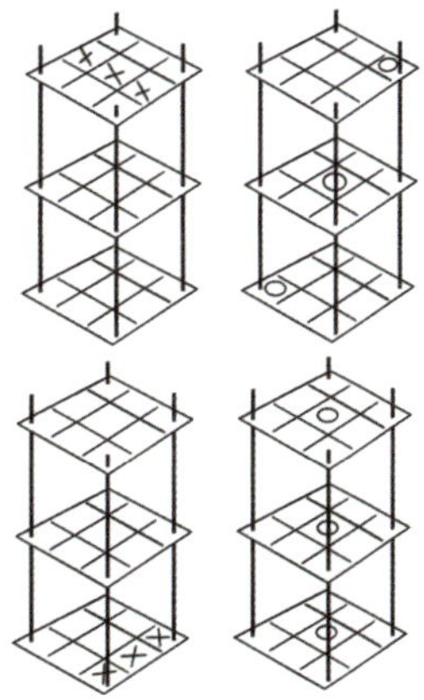

PONG HAU K'I

Dieses traditionelle Spiel aus China ist vielleicht das einfachste Mathematikspiel von allen.

Dies ist ein Spiel für zwei Personen.

Spielablauf

1. Zeichne eine 12 cm lange Linie. Füge zwei weitere gleich lange Linien hinzu, um drei Seiten eines Quadrats zu bilden.

2. Ziehe zwei diagonale Linien durch die Mitte. Füge dann an allen Ecken Punkte hinzu.

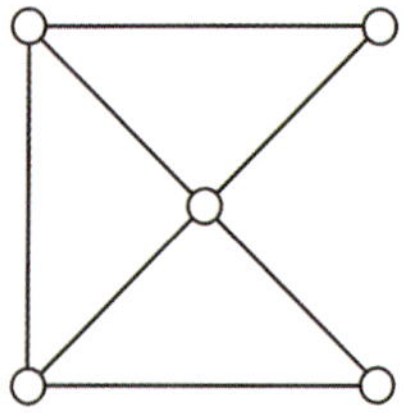

3. Nimm Spielsteine aus einem anderen Spiel, Knöpfe oder bastle welche aus Papier.

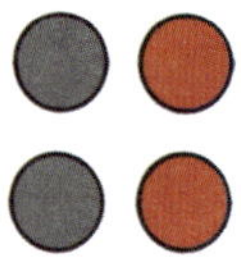

4. Lege die Spielsteine in diese Startposition:

   Jede Person wählt eine Farbe.

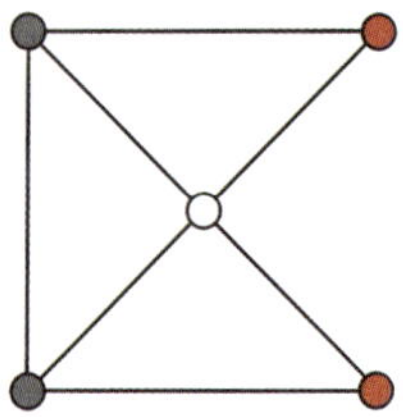

5. Wer an der Reihe ist, zieht einen seiner Spielsteine eine Linie entlang zum leeren Punkt. Man darf nicht über einen anderen Spielstein springen.

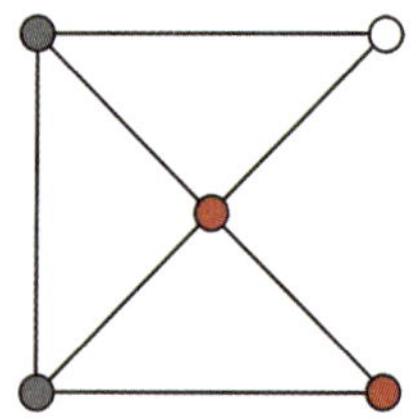

6. Wechselt euch so lange ab, bis eine Person festsitzt und sich nicht mehr bewegen kann.

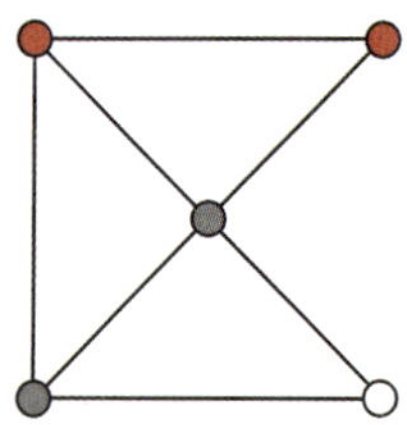

Du brauchst:

- Papier
- Stift
- Lineal
- 4 Spielsteine, jeweils zwei in einer Farbe

Was steckt dahinter?

Es ist möglich, dieses Spiel ewig zu spielen, ohne dass jemand gewinnt. Aber wenn man einen Fehler macht, sitzt man irgendwann fest.

HAWAIIANISCHES LU-LU

Für dieses Spiel mit vier speziellen Spielsteinen brauchst du nichts als Glück!

Vorbereitung

1 Zeichne um die Münze herum acht Kreise auf Pappe und schneide sie aus. Klebe die Kreise paarweise zusammen, um vier dickere Spielsteine zu bekommen.

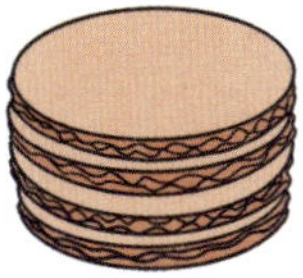

Ein Spiel für beliebig viele Personen.

Du brauchst:

- dicke Pappe
- Stift
- Schere
- Klebstoff
- eine große Münze als Schablone

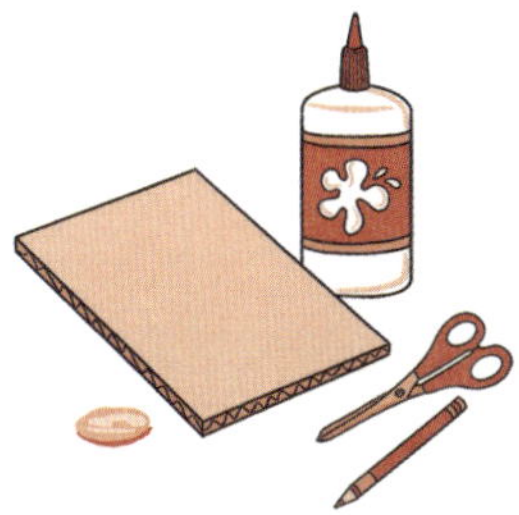

2 Male diese 4 Muster auf eine Seite der Spielsteine.

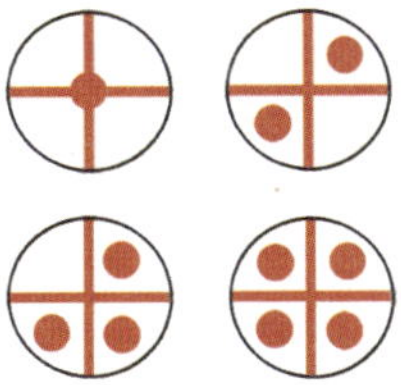

Spielablauf

3 Alle Mitspielenden werfen reihum die Spielsteine. Alle haben jedesmal zwei Würfe.

- Wirf einmal. Spielsteine, die auf dem Kopf gelandet sind, hebst du auf und wirfst sie noch einmal. Zähle dann deine Punkte zusammen.

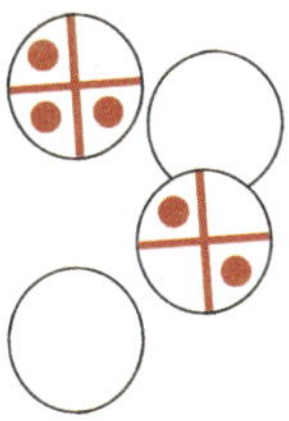

- Landen alle Steine mit der Zahl nach oben, bekommst du 10 Punkte und wirfst noch einmal. Zähle die Punkte aus beiden Würfen zusammen.

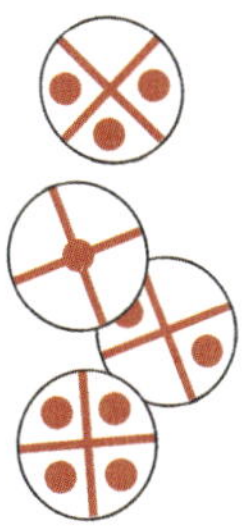

- Nach jeder Runde addiert jeder seine Punkte zusammen.

SHISIMA

Dieses Spiel aus Kenia ist wie eine Kombination aus Tic-Tac-Toe und Pong Hau K'i.

Dies ist ein Spiel für zwei Personen.

Vorbereitung

1 Shisima wird auf einem achteckigen Brett gespielt. Acht Linien führen in die Mitte, wo sich ein kleiner „See" befindet:

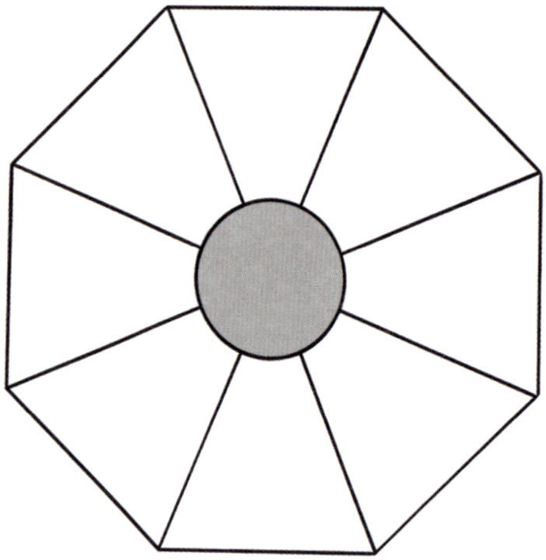

Du brauchst:

- Papier
- Stift
- Lineal
- 6 Spielsteine, jeweils drei in einer Farbe

2 Zeichne das Spielbrett mit Stift und Lineal auf Papier und male den „See" aus. Du kannst vorhandene Spielsteine verwenden, Knöpfe oder selbstgebastelte Steine aus Papier oder Pappe.

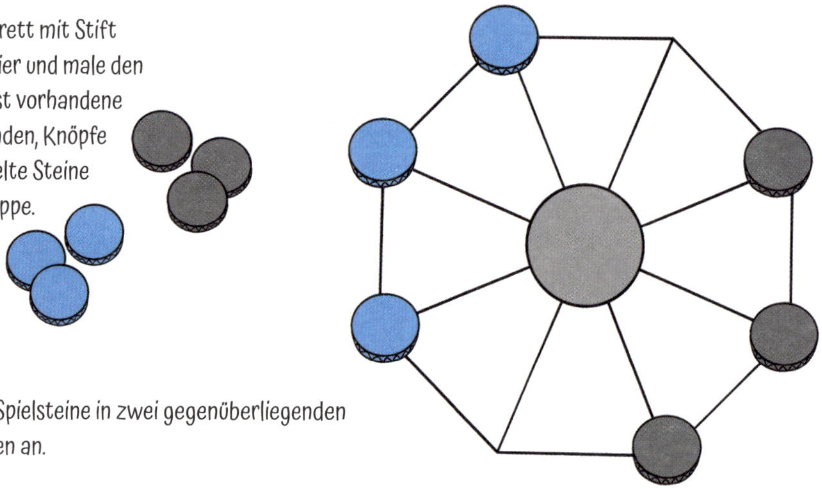

3 Ordne die Spielsteine in zwei gegenüberliegenden Dreierreihen an.

Spielablauf

4 Jede Person wählt eine Farbe. Entscheidet, wer anfängt, und zieht dann abwechselnd.

Wer dran ist, zieht einen seiner Spielsteine entlang einer Linie in eine andere Ecke – oder in die Mitte.

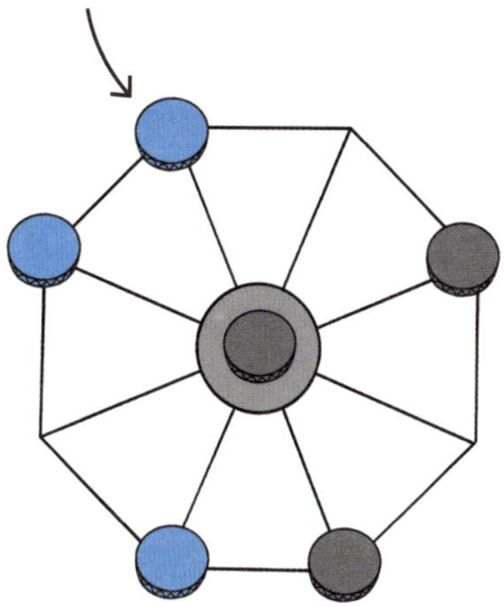

Ihr dürft immer nur ein einziges Feld weiterziehen und nicht springen.

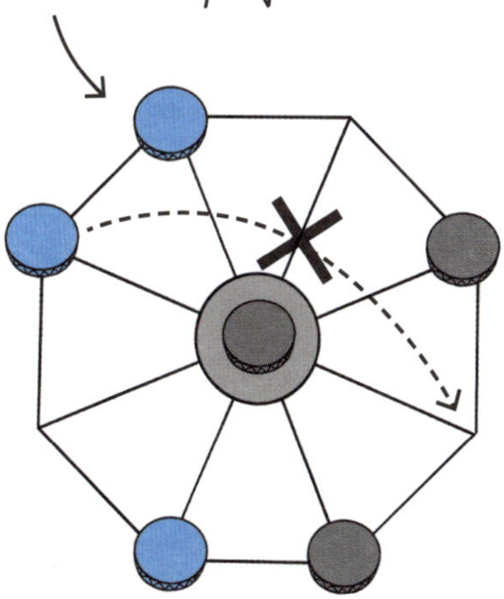

5 Es gewinnt die Person, die zuerst drei Steine in einer Reihe hat, wobei ein Stein im See liegt.

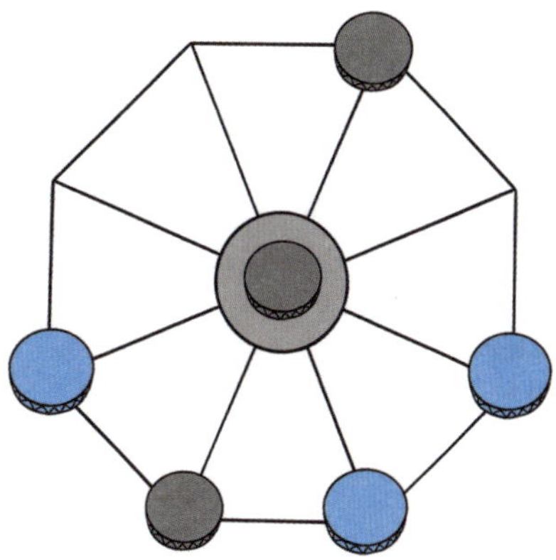

Was steckt dahinter?

Zum Gewinnen brauchst du einen Spielstein im See. Ziehst du aber zu früh in die Mitte, kann es sein, dass du wieder wegziehen musst, und die Gegenseite kann sich den See schnappen! Doch wenn du ein paar Mal spielst, wirst du bald eine Gewinnstrategie entwickeln.

SOLITÄR

Lasse deine Spielsteine übereinander springen, bis nur noch einer übrig ist.

Dies ist ein Spiel für eine Person.

Vorbereitung

1. Zeichne ein 25 cm breites Quadrat auf Pappe und schneide es aus.

Du brauchst:

- Pappe
- Schere
- Bleistift
- Lineal
- Filzstifte
- 32 kleine Münzen, Knöpfe oder Spielsteine

2. Zeichne in der Mitte des Pappquadrats ein kleineres Quadrat, dessen Seiten 17,5 cm lang sind.

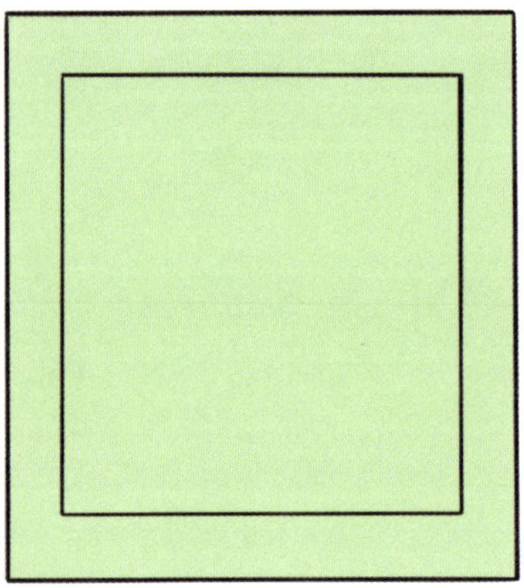

3. Zeichne mit Bleistift ein Raster in dieses Quadrat. Die Linien sollen 2,5 cm Abstand haben, sodass jeweils 7 gleiche Zeilen und Spalten entstehen.

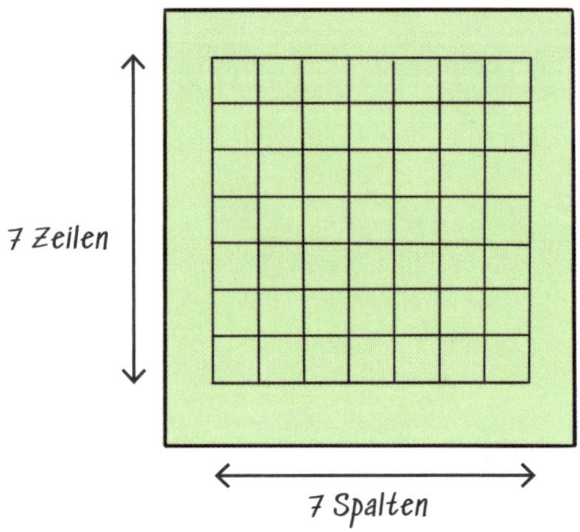

4 Male 4 Felder in jeder Ecke aus. Sie gehören nicht zum kreuzförmigen Spielbrett. Zeichne dann mit Filzstift jeweils einen Punkt in die Mitte aller übrigen Felder.

5 Das Spielbrett hat 33 Punkte, aber du hast nur 32 Spielsteine. Lege auf jeden Punkt einen Stein, außer auf den Punkt in der Mitte. Jetzt kann es losgehen.

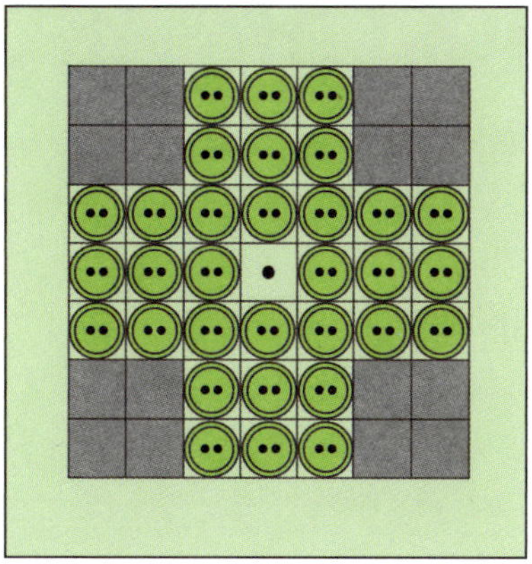

Das Spielbrett ist fertig!

Spielablauf

6 Nimm einen Spielstein und springe mit ihm horizontal oder vertikal über einen der Spielsteine neben ihm auf ein leeres Feld. Entferne dann den Spielstein, der übersprungen wurde, vom Brett.

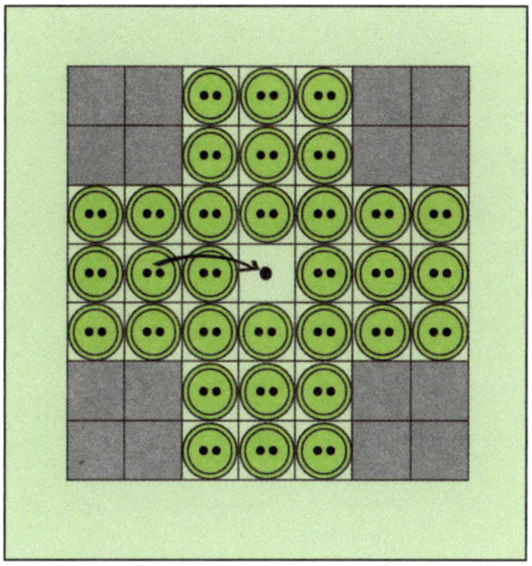

Zu Beginn gibt es nur den leeren Platz in der Mitte, auf den du springen kannst. Doch je mehr Spielsteine entfernt werden, desto mehr Möglichkeiten hast du.

7 Ziel des Spiels ist es, alle Steine – bis auf einen einzigen – vom Brett zu entfernen.

Was steckt dahinter?

Es klingt einfach, aber wenn du nicht aufpasst, kann ein Spielstein zu weit weg liegen bleiben, sodass du ihn nicht mehr überspringen kannst.

SKYTALE

Eine Skytale ist ein verblüffendes Instrument, mit dem du verschlüsselte Botschaften übermitteln kannst. Erfunden wurde sie im alten Griechenland.

Spielablauf

1. Schneide einige lange, schmale Papierstreifen von etwa 1–2 cm Breite zu. Du kannst die Streifen z. B. von der langen Seite eines Blattes Druckerpapier abschneiden.

2. Um eine Nachricht zu verschlüsseln, nimmst du einen langen, zylinderförmigen Gegenstand, zum Beispiel eine dünne Pappröhre.

3. Befestige das eine Ende eines Papierstreifens mit Klebeband schräg an deiner Skytale, etwa so:

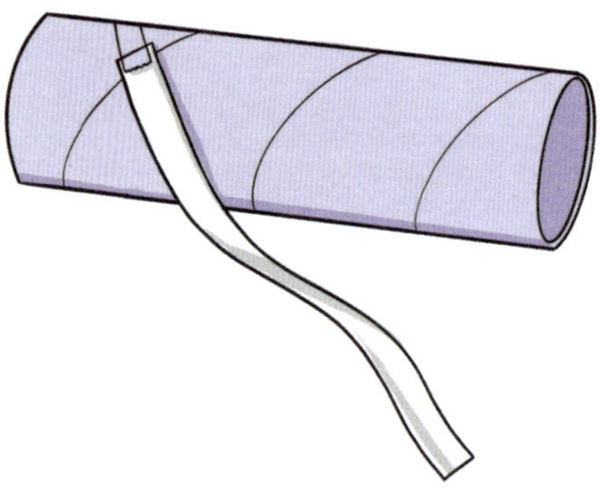

Verschlüssele mit einer Skytale Botschaften, die deine Freundinnen und Freunde entschlüsseln können.

Du brauchst:

- Papier
- Schere
- Klebeband
- Stift
- 2 gleich dicke zylinderförmige Gegenstände (etwa Pappröhren, Nudelhölzer, Holzlöffel mit geradem Stiel oder dicke Stifte)

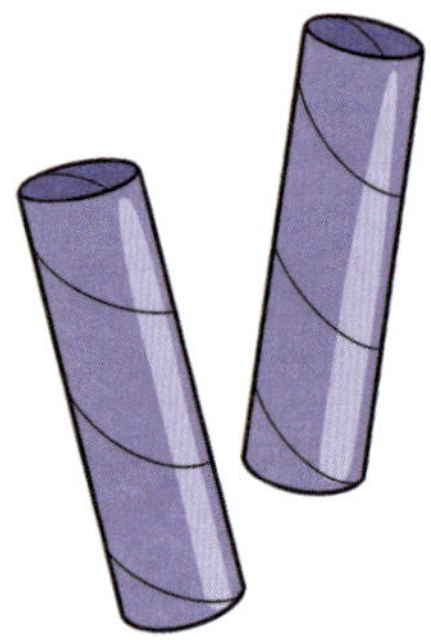

4 Wickle den Streifen genau in einer Spirale um die Skytale und klebe das andere Ende fest.

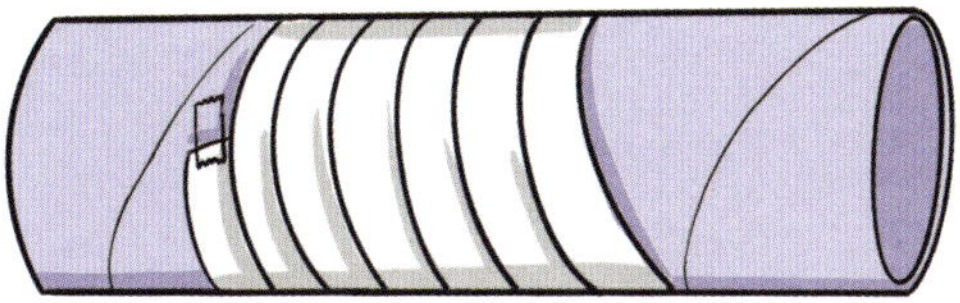

5 Schreibe nun deine Botschaft auf die Skytale, und zwar jeweils einen Buchstaben auf jeden Abschnitt des Papiers.

6 Löse den Papierstreifen vorsichtig von der Skytale ab und falte ihn ordentlich zusammen.

7 In dieser Form ergeben die Buchstaben auf dem Streifen keinen Sinn mehr. Um die Nachricht zu lesen, muss man den Streifen um den ursprünglichen Zylinder, oder um einen Zylinder mit der gleichen Dicke wickeln.

Ein Zylinder mit der falschen Dicke funktioniert nicht!

Um eine Botschaft an jemanden zu übermitteln, müsst ihr beide den gleichen Zylinder haben. Du verschlüsselst die Nachricht mit deinem und die andere Person entschlüsselt sie mit ihrem!

8 Du kannst der Person, an die die Nachricht adressiert ist, verschiedene Zylinder geben und sie herausfordern, die Botschaft zu entschlüsseln, indem sie den richtigen findet!

HOPP

Dieses Spiel ist eine tolle Übung zum Lernen der 7er-Reihe des Einmaleins!

Spielablauf

1 Alle stehen im Kreis. Nun werft ihr euch abwechselnd den Ball zu und zählt dabei aufwärts. Die erste werfende Person ruft also „Eins", die zweite „Zwei" und so weiter. Es macht nichts, wenn der Ball auf den Boden fällt. Hebt ihn einfach auf und spielt weiter.

Du brauchst:

- einen kleinen Ball, etwa einen Tennisball, oder etwas anderes, das leicht zu werfen und zu fangen ist
- ausreichend Platz, damit alle einen Kreis bilden können

Dieses Spiel kannst du mit beliebig vielen Personen spielen, aber ihr solltet mindestens zu zweit sein.

2 Wenn aber eine Zahl der 7er-Reihe des Einmaleins kommt, darf man sie nicht sagen, sondern ruft ...: HOPP!

3 Wenn jemand aus Versehen doch die Zahl sagt, rufen alle anderen laut „HOPP" und derjenige muss ausscheiden.

Versuche doch mal das!

Dieses Spiel könnt ihr natürlich mit jedem Einmaleins spielen! Wenn du die 7er-Reihe perfekt beherrschst, kannst du ein anderes Einmaleins wählen – zum Beispiel die 5er-Reihe, die 8er- oder 11er-Reihe des Einmaleins.

Einmaleins

Zur Erinnerung vorweg: Das hier sind die Zahlen der 7er-Reihe des Einmaleins.

1 2 3 4 5 6 **7** 8 9 10 11 12 13 **14** 15 16 17 18 19 20 **21** 22 23 24 25 26 27 **28** 29 30 31 32 33 34 **35** 36 37 38 39 40 41 **42** 43 44 45 46 47 48 **49** 50 51 52 53 54 55 **56** 57 58 59 60 61 62 **63** 64 65 66 67 68 69 **70** 71 72 73 74 75 76 **77** 78 79 80 81 82 83 **84** 85 86 87 88 89 90 **91** 92 93 94 95 96 97 **98**

MULTI-HOPP

Wie du dir vermutlich denken kannst, geht dieses Spiel ähnlich wie HOPP – nur schwieriger!

1. Dieses Mal müsst ihr zwei verschiedene Einmaleins-Reihen beachten. Versucht es zum Beispiel mit der 7er- und der 10er-Reihe.
2. Diesmal muss man laut „HOPP" rufen, wenn eine Zahl der 7er-Reihe ODER der 10er-Reihe auftaucht.
3. Und wenn sie wie die 70 in beiden vorkommt? Dann rufst du „MULTI-HOPP"!

RÜCKEN AN RÜCKEN

Ein sekundenschnelles Spiel für blitzgescheite Mathefans!

Du brauchst:

- Tafel oder Whiteboard (ein Stück Papier an der Wand geht auch)
- Kreide oder Marker
- einen Taschenrechner

Dieses Spiel lässt sich am besten in einer großen Gruppe von 20 oder mehr Personen spielen – es geht aber auch zu dritt.

Spielablauf

1. Immer zwei Personen spielen gegeneinander. Sie stehen Rücken an Rücken vor der Tafel (oder vor der Wand). Um die Tafel und die Spielenden sehen zu können, sitzt der Rest der Gruppe ihnen zugewandt.

2. Eine Person in der Gruppe ist der „Rufer". Auf sein Kommando schreiben die beiden Spielenden jeweils eine Zahl neben sich an die Tafel. Sie müssen so stehen bleiben, dass sie die Zahl der jeweils anderen Person nicht sehen können.

3 Jetzt muss der Rufer die beiden Zahlen addieren oder multiplizieren (notfalls kann er einen Taschenrechner benutzen). Er sagt den anderen das Ergebnis.

4 Nun müssen die beiden an der Tafel so schnell wie möglich die Zahl der anderen Person herausfinden!

Da sie ihre eigene Zahl kennen, können sie die andere herausfinden.

5 Wer als erstes die richtige Zahl des anderen ruft, hat gewonnen. Sie oder er darf vorne an der Tafel bleiben und tritt gegen die nächste Person an.

RATE MEINE ZAHL

Wer errät die Geheimzahl als erstes?

Vorbereitung

1 Für dieses Spiel brauchst du ein Raster aus 10 × 10 Kästchen mit allen Zahlen von 1 bis 100. Es kann an eine Tafel oder auf ein großes Blatt gezeichnet werden, oder jede Person hat eine kleine Version vor sich.

1	2	3	4	5	6	7	8	9	10
11	12	13	14	15	16	17	18	19	20
21	22	23	24	25	26	27	28	29	30
31	32	33	34	35	36	37	38	39	40
41	42	43	44	45	46	47	48	49	50
51	52	53	54	55	56	57	58	59	60
61	62	63	64	65	66	67	68	69	70
71	72	73	74	75	76	77	78	79	80
81	82	83	84	85	86	87	88	89	90
91	92	93	94	95	96	97	98	99	100

Du brauchst:

- Tafel, Whiteboard oder ein großes Blatt Papier
- Kreide, Marker oder – wenn ihr Papier verwendet – Stifte

Dies ist ein Spiel für fünf oder mehr Personen.

Spielablauf

2 Eine Person ist der „Zahlenkönig" oder die „Zahlenkönigin" und darf sich eine Zahl zwischen 1 und 100 ausdenken.

3 Hat sie sich entschieden, stellen die anderen reihum Fragen. Sie können entweder direkt eine Vermutung äußern:

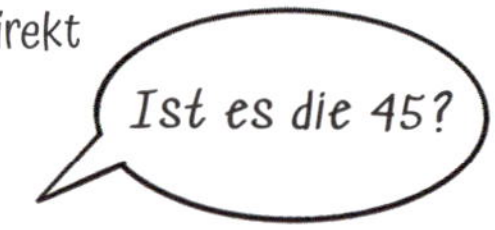

Oder sie können allgemeinere Fragen stellen:

4 Jedes Mal beantwortet der Zahlenkönig oder die Zahlenkönigin die Frage und markiert im Raster, welche Zahlen es sein könnten. Bei der Frage „Ist sie kleiner als 30?" sieht das zum Beispiel so aus:

1	2	3	4	5	6	7	8	9	10
11	12	13	14	15	16	17	18	19	20
21	22	23	24	25	26	27	28	29	30
31	32	33	34	35	36	37	38	39	40
41	42	43	44	45	46	47	48	49	50
51	52	53	54	55	56	57	58	59	60
61	62	63	64	65	66	67	68	69	70
71	72	73	74	75	76	77	78	79	80
81	82	83	84	85	86	87	88	89	90
91	92	93	94	95	96	97	98	99	100

Da die Antwort „Nein" ist, streicht der Zahlenkönig oder die Zahlenkönigin alle Zahlen unter 30 durch.

5 Wenn die nächste Frage lautet „Gehört sie zur 10er-Reihe?" und die Antwort lautet „Ja", müssen alle potenziellen Zahlen eingekreist werden:

1	2	3	4	5	6	7	8	9	10
11	12	13	14	15	16	17	18	19	20
21	22	23	24	25	26	27	28	29	30
31	32	33	34	35	36	37	38	39	40
41	42	43	44	45	46	47	48	49	50
51	52	53	54	55	56	57	58	59	60
61	62	63	64	65	66	67	68	69	70
71	72	73	74	75	76	77	78	79	80
81	82	83	84	85	86	87	88	89	90
91	92	93	94	95	96	97	98	99	100

6 Mit der Zeit werden die möglichen Zahlen weniger und das Raten wird einfacher. Wer als erstes die richtige Zahl errät, ist in der nächsten Runde der Zahlenkönig bzw. die Zahlenkönigin.

Wenn jede Person ein Raster vor sich hat, kann man selbst die Zahlen durchstreichen oder einkreisen.

Versuche doch mal das!

Man kann das Spiel auch ohne Raster spielen, zum Beispiel beim Autofahren. Das ist aber viel schwieriger, weil man sich alle Fragen und Antworten sowie möglichen Zahlen im Kopf merken muss.

BIS 30 ZÄHLEN

Bis 30 zählen? Das klingt doch einfach! Allerdings willst du in diesem Spiel NICHT die Person sein, die „30" sagen muss!

Dieses Spiel ist ideal für eine Gruppe von 10 bis 20 Spielern.

Du brauchst:

- viele Personen, die mit dir dieses Spiel spielen wollen
- Hirnschmalz

Spielablauf

1. Alle sitzen im Kreis und eine Person wird ausgewählt, um zu beginnen.

2. Ihr zählt nacheinander und jede Person entscheidet, ob sie eine, zwei oder drei Zahlen sagt.

3. Macht so weiter. Man muss immer fortlaufend von der letzten Zahl der vorherigen Person weiterzählen.

Das Spiel könnte etwa so beginnen:

... und so weiter!

4. Wer die Zahl 30 sagen muss, scheidet aus. Es wird solange weitergespielt, bis nur noch zwei Personen gegeneinander antreten.

ZAHLEN ZEICHNEN

Kannst du dein Publikum beim Zeichnen deiner Zahl austricksen?

Dieses Spiel kann man sehr gut mit einer Schulklasse spielen.

Du brauchst:

- Tafel oder Whiteboard (ein Stück Papier an der Wand geht auch)
- Kreide oder Marker

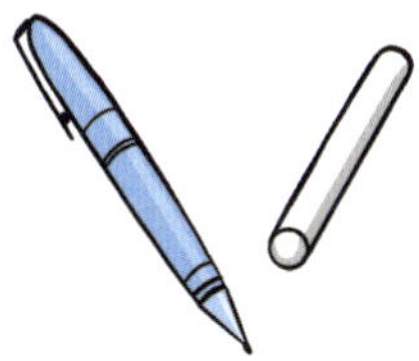

Spielablauf

1. Eine Person wird als Künstlerin oder Künstler ausgewählt.

2. Diese Person überlegt sich eine Zahl zwischen 0 und 9 und versucht, sie so langsam und uneindeutig wie möglich auf die Tafel zu malen, sodass sie nur sehr schwer zu erkennen ist.

Du könntest also zuerst einen Halbkreis zeichnen:

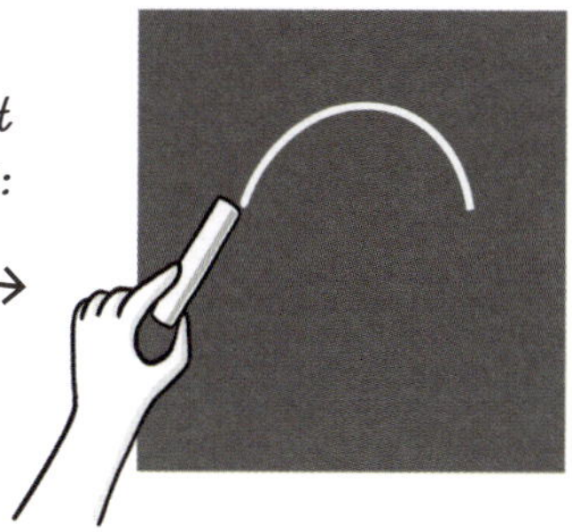

Dieser könnte Teil der Zahl 2, 3, 5, 6, 8 oder 9 sein.

Zeichne ein bisschen mehr ...

Das könnte eine 6, 8 oder 9 werden. Oder ist es doch eine 0, die schon fertig gezeichnet ist?

3. Vervollständige deine Zahl ganz langsam.

4. Die erste Person, die die richtige Lösung weiß, ist der nächste Künstler oder die nächste Künstlerin!

VENN-SPIEL

Bei diesem Spiel dreht sich alles um Venn-Diagramme – eine praktische Methode, die Mathematiker und Mathematikerinnen gerne verwenden, um Objekte in Gruppen zusammenzufassen.

Was ist ein Venn-Diagramm?

Ein Venn-Diagramm hat sich überschneidende Kreise, sodass man damit Objekte sortieren kann, in diesem Beispiel Zahlen:

Für große Gruppen ist dieses Spiel perfekt. Seid ihr weniger, spielt die Tischversion (Buchseite gegenüber).

Du brauchst:

- große Fläche im Freien, etwa einen Spiel- oder Sportplatz
- etwas zum Zeichnen der Kreise: Kreide, Seile, Kegel

Spielablauf

1. Zeichne zwei große, sich überschneidende Kreise auf den Boden.

2 Eine Person darf sich ausdenken, wofür die Kreise stehen:

„Kreis A ist für Hundefans!"

„Kreis B ist für Katzenfans!"

3 Auf ein Kommando laufen alle los. Wer nur Hunde oder nur Katzen mag, stellt sich in den jeweiligen Kreis. Wer beides mag, wählt die Schnittmenge in der Mitte. Und wer weder Hunde noch Katzen mag, stellt sich außerhalb der Kreise hin.

Hier sind weitere Ideen:

Kreis A = Brokkolifans
Kreis B = Tomatenfans

Kreis A = Campingfans
Kreis B = Basketballfans

Kreis A = Braunhaarige
Kreis B = Personen mit Brille

Versuche doch mal das!

Lege zwei sich überlappende Kreise mit Schnüren auf einen Tisch. Schreibe verschiedene Eigenschaften auf Zettel, mische diese und ziehe zwei davon – und suche so schnell wie möglich passende Gegenstände.

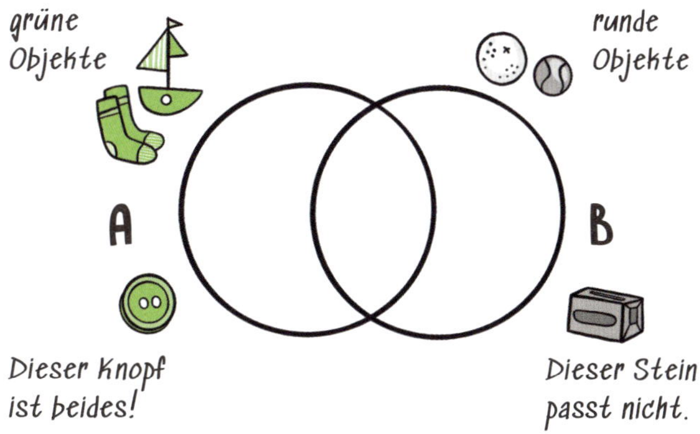

SUPER-BINGO

Dieses Spiel musst du ein wenig im Voraus vorbereiten.

Hier können 5 bis 10 Personen mitspielen, plus ein Rufer. Jede Person braucht eine eigene Bingo-Karte.

Vorbereitung

1. Schneide für jede Person ein etwa 12 × 12 cm großes Stück Pappe aus.

Du brauchst:

- glatte Pappe
- Schere
- Lineal
- Stift und Papier
- Tasse
- für jede Person einen Stift

2. Zeichne darauf ein Raster aus neun Quadraten.

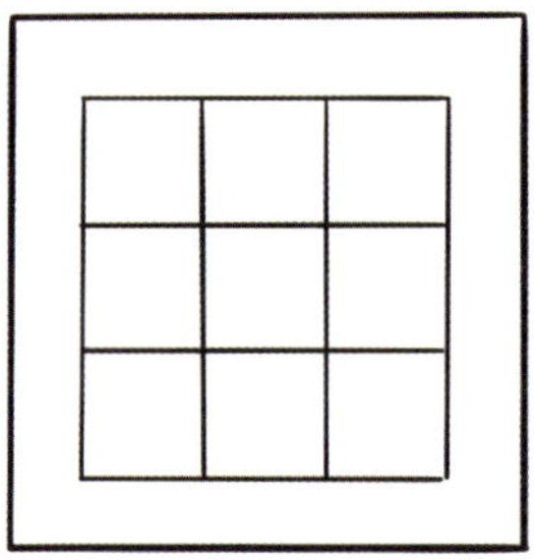

3. Schreibe die Zahlen von 1 bis 20 auf ein Papier und schneide die einzelnen Zahlen aus. Gib sie in eine Tasse und mische sie ordentlich durch.

4. Ziehe neun zufällige Zahlen aus dem Becher. Diese könnten wie folgt lauten:

2	15	4
18	11	7
8	16	20

5. Übertrage sie auf eine Bingo-Karte:

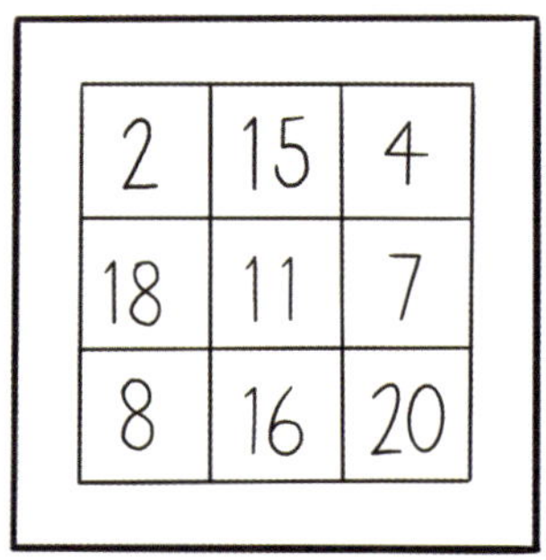

6 Gehe so nun bei allen Bingo-Karten für alle Mitspielenden vor. Achte darauf, dass nicht zwei Karten genau dieselben Zahlen enthalten. Alle Karten sollten unterschiedliche Zahlen aufweisen.

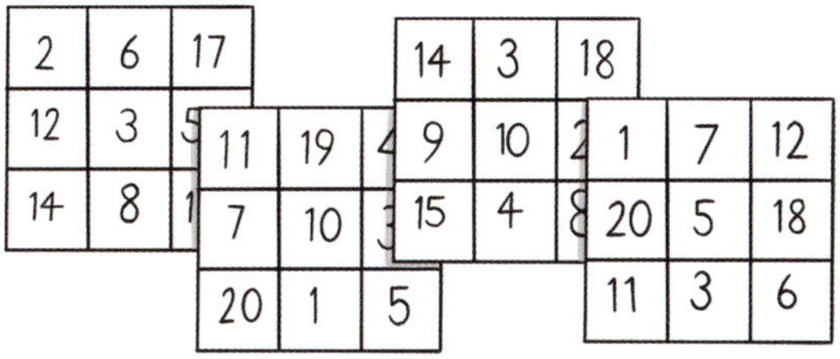

7 Schreibe nun die Zahlen 1 bis 20 untereinander und jeweils daneben eine zur Zahl passende mathematische Aufgabe, zum Beispiel so:

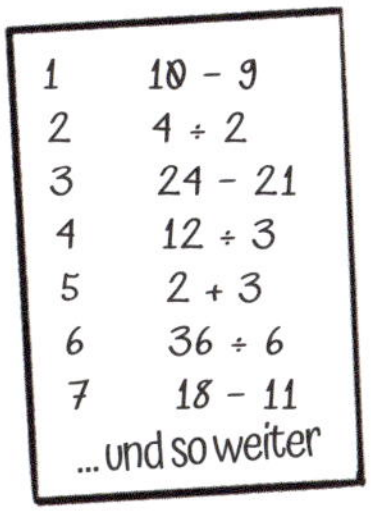

8 Schneide jetzt nur die mathematischen Aufgaben aus.

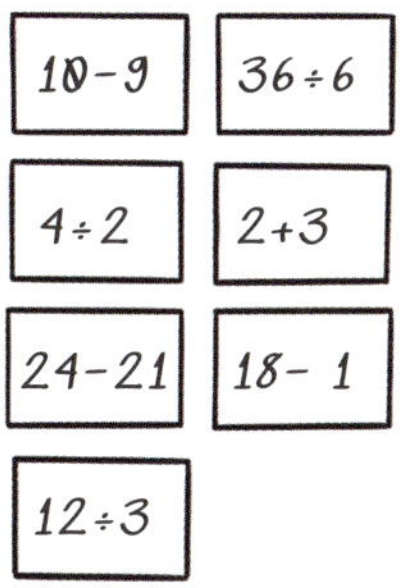

9 Nimm die Zettel mit den Zahlen aus dem Becher und gibt stattdessen die Zettel mit den Aufgaben hinein!

Spielablauf

10 Gib jeder Person eine Bingo-Karte und einen Stift.

11 Der Rufer zieht nach dem Zufallsprinzip eine Aufgabe aus der Tasse und liest sie vor (sagt aber NICHT die Lösung!).

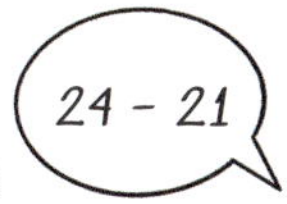

12 Die anderen lösen die Aufgabe und streichen auf ihrer Karte die Zahl durch – sofern sie dort aufgeführt ist.

13 Der Rufer zieht nun immer neue Aufgaben aus der Tasse und liest sie vor. Wer auf seiner Karte zuerst alle Zahlen durchstreichen kann, ruft SUPER-BINGO und hat gewonnen!

KÄFERSPIEL

**Das ist ein berühmtes, lustiges Mathespiel.
Ziel ist es, als erstes einen Käfer zu zeichnen.**

Spielablauf

1. Alle sitzen am Tisch oder im Kreis auf dem Boden und spielen abwechselnd.

2. Wenn du dran bist, würfelst du. Je nachdem, welche Zahl du würfelst, kannst du anfangen, deinen Käfer zu zeichnen, oder bereits weitere Körperteile hinzufügen.

3. Die verschiedenen Zahlen stehen für verschiedene Körperteile des Käfers:

1 = Körper

2 = Kopf

3 = ein Bein (6 insgesamt)

4 = ein Auge (2 insgesamt)

5 = ein Fühler (2 insgesamt)

6 = Schwanz

Du brauchst:

- für jede Person etwas Papier und einen Stift
- einen Würfel für alle

Das Käferspiel eignet sich am besten für 2 bis 10 Personen.

4. Zuerst brauchst du eine Eins, denn es muss ein Körper da sein, um andere Teile anfügen zu können. Würfelst du eine Eins, male den Körper.

5 Würfelst du bei deinem nächsten Zug zum Beispiel eine Drei, kannst du ein Bein hinzufügen.

6 Du brauchst erst einen Kopf und somit eine Zwei, bevor du Augen oder Fühler zeichnen kannst.

Und wenn man nichts zeichnen kann?

Wenn du eine Zahl nicht verwenden kannst, musst du mit dem Zeichnen warten, bis du wieder dran bist.

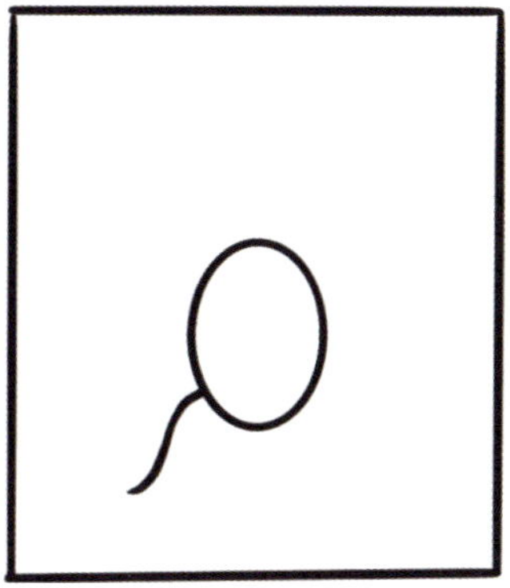

Wenn du eine Vier würfelst, bevor du eine Zwei bekommst, kannst du nichts zeichnen, da der Kopf noch fehlt.

Oder dein Käfer hat bereits sechs Beine – dann braucht er keine weiteren Beine mehr.

Wenn du jetzt eine Drei würfelst, kannst du nichts zeichnen und musst auf deinen nächsten Zug warten.

BIS EINHUNDERTEINS

Bei diesem Teamspiel versucht ihr, genau 101 Punkte zu würfeln – aber nicht mehr!

Spielablauf

1 Jedes Team wählt eine Spielleitung, die den Spielstand auf dem Papier festhält.

2 Die Teams spielen abwechselnd. In jeder Runde wählen sie eine Person aus, die würfelt und die gewürfelte Zahl laut ausruft.

3 Jedes Mal kann das Team wählen, ob es die gewürfelte Zahl verwenden oder mit 10 multiplizieren möchte. Wenn ihr also eine 3 würfelt, könnt ihr sie als 3 oder als 30 zählen.

4 Ziel ist es, als Team mit der Addition der eigenen Zahlen 101 zu erreichen – aber nicht mehr.

Du brauchst:

Jedes Team braucht:

- einen Würfel
- etwas Papier
- einen Stift

Die Teams können beliebig groß sein. Seid ihr 20 Personen, könnt ihr in zwei Teams mit je 10 Personen spielen.

5 Zu Beginn werdet ihr vermutlich gerne die zehn Mal größeren Zahlen verwenden. Aber je näher ihr der 101 kommt, desto mehr braucht ihr die kleinen Zahlen!

Würfelzahl	Wert	Summe
	50	50
	20	70
	6	76
	10	86
	10	96
	1	97
	1	100

6 Wenn ihr euch der 101 nähert, riskiert ihr, diese zu überschreiten und zu verlieren. Ihr müsst euch also gut entscheiden, wann ihr aufhören wollt – zum Beispiel bei 97 oder 100. Welches Team am nächsten an der 101 dran ist, hat gewonnen. Wenn zwei Teams die gleiche Punktzahl haben, ist es unentschieden.

7 Wenn ihr genau 101 Punkte erreicht, gewinnt dein Team sofort! Aber wenn ihr 101 überschreitet, verliert Ihr sofort.

101er-Wettkampf

Die Spiele sind schnell. Also spielt mehrere hintereinander und notiert, welches Team wie oft gewonnen hat.

ZAHLENTEAMS

Hier kommt ein super einfaches, lustiges, lautes und rasantes Spiel für Teams.

Vorbereitung

1. Teile die 20 Rechtecke in zwei Zehnergruppen auf und schreibe jeweils die Zahlen 0 bis 9 auf die Pappe. Die Zahlen sollten so groß und deutlich wie möglich geschrieben werden.

Du brauchst:

- 20 große Rechtecke aus Pappe
- Filzstift oder Bleistift

Spielablauf

Man braucht zwei Teams mit jeweils mindestens vier Mitgliedern und einen Rufer, der die Zahlen laut ausruft – also mindestens neun Personen.

2. Jedes Team erhält einen Satz Karten. Die Teams sitzen in getrennten Gruppen.

3. Jede Runde denkt sich der Rufer eine Zahl aus und ruft sie. Das erste Team, das die Zahl durch Hochhalten der Karten zeigt, bekommt einen Punkt. Ganz einfach! Der Rufer könnte zum Beispiel die Zahl 472 sagen.

4 Jedes Team muss die drei Karten mit den Zahlen 4, 7 und 2 finden und mit drei Personen, die diese Karten halten, eine Reihe bilden. Natürlich müssen sie aus Sicht des Rufers und des anderen Teams in der richtigen Reihenfolge sein.

5 Die Zahl des Rufers kann aus beliebig vielen Ziffern bestehen – aber aus maximal so vielen, wie jedes Team Mitglieder hat. Wenn ein Team aus vier Personen besteht, kann die Zahl also ein-, zwei-, drei- oder vierstellig sein.

6 Je mehr Mitglieder die Teams haben, desto länger können die Zahlen sein.

7 Da jedes Team jede Ziffer nur einmal zur Verfügung hat, müssen alle Ziffern einer Zahl unterschiedlich sein: 6371 ist möglich, 6333 aber hingegen nicht.

37

Das ist ein etwas verrücktes Spiel, das sich gut für den Matheunterricht eignet!

Ein Spiel für eine beliebige Anzahl an Personen.

Vorbereitung

1. Schreibt zuerst etwa 8 bis 10 Zahlen untereinander und daneben eine Aktivität, für die die Zahl stehen wird. Ihr könnt dafür als Gruppe gemeinsam Ideen entwickeln.

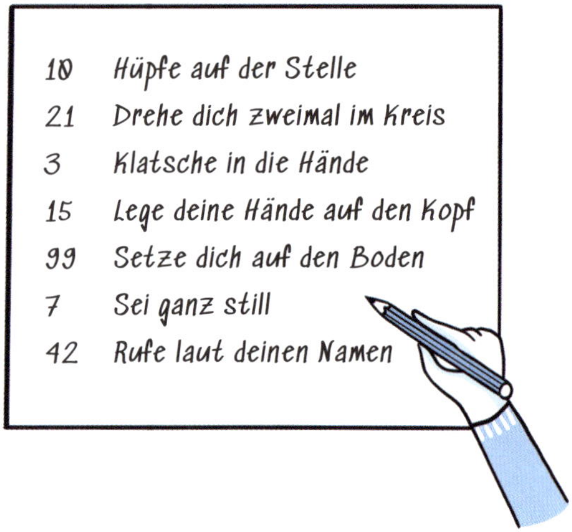

Du brauchst:

- Tafel oder großes Papier
- eine Wand
- Kreide oder Stift
- Klebeband

Spielablauf

2. Übertrage die Liste in großer Schrift auf die Tafel oder das Papier, das du gut sichtbar an eine Wand geklebt hast.

3. Alle Personen stehen verteilt im Raum und warten darauf, dass der Rufer laut eine Nummer aus der Liste ruft.

4 Sobald du eine Zahl hörst, musst du die entsprechende Aktivität machen.

5 Die Person, die als letztes mit der Aktivität begonnen hat, scheidet aus.

6 Die Person, die als letzte übrig bleibt, hat gewonnen!

37

Warum heißt das Spiel 37? Weil die 37 besonders ist! Wird sie gerufen, müsst ihr ALLE Aktivitäten machen!

Was steckt dahinter?

Wenn ihr das Spiel zum ersten Mal spielt, wird das noch recht langsam sein. Je öfter ihr es aber spielt, desto besser kennt ihr die Liste und die Aktivitäten auswendig und das Spiel wird immer rasanter!

GLOSSAR

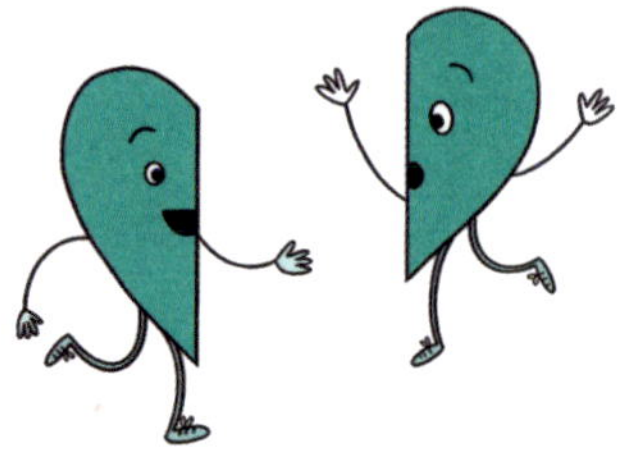

Basis 2 Ein Zahlensystem, das nur zwei Symbole verwendet: 0 und 1

Basis 10 Ein Zahlensystem mit zehn Ziffern, von 0 bis 9.

Beweis Eine Demonstration, die zeigt, dass eine mathematische Idee oder Theorie wahr ist.

Binärsystem Zahlensystem mit der Basis 2 statt des üblichen Dezimalsystems mit der Basis 10.

Bruchteil Ein Teil einer Zahl oder Menge, der als Anteil des Ganzen dargestellt wird. Zum Beispiel bedeutet ¾ drei von vier gleichen Teilen.

Dezimalzahl Eine Zahl zwischen zwei ganzen Zahlen, bei der ein Teil der Zahl nach dem Dezimalkomma steht, zum Beispiel 1,6 oder 3,75.

Durchmesser Die Strecke durch die Mitte eines Kreises.

Durchschnitt Der Mittelwert einer Gruppe von Zahlen. Die Zahlen werden addiert und die Summe durch die Anzahl der Zahlen in der Gruppe geteilt.

Folge Eine Reihe von Zahlen, die einer Regel folgen, die vorhersagt, was die nächste Zahl sein wird.

Formel Eine Regel oder Reihe von Regeln, die angewendet werden kann, um ein bestimmtes Ergebnis zu erzielen.

Ganze Zahl Eine vollständige Zahl wie 3, 10 oder 200, kein Bruch wie ½ und keine Dezimalzahl wie 3,5.

Hexagon Eine Form mit sechs geraden Seiten.

Horizontale Linie oder Form, die wie der Horizont von einer Seite zur anderen verläuft.

Kreisumfang Die Länge des Randes eines Kreises.

Mathematiker(in) Ein Experte bzw. eine Expertin für Mathe.

Parkettieren Eine Form, die parkettiert werden kann, ist eine Form, die sich unbegrenzt kacheln oder zusammenfügen lässt.

Pentagon Eine Form mit fünf geraden Seiten.

Pi Dezimalzahl, gerundet 3,141592, die sich aus der Division des Umfangs eines beliebigen Kreises durch seinen Durchmesser ergibt.

Primzahl Eine Zahl, die nur durch sich selbst und 1 geteilt werden kann, zum Beispiel 17.

Quadratzahl Eine Zahl, die eine andere Zahl mit sich selbst multipliziert, zum Beispiel 9 (3 × 3). Eine quadratische Zahl von Punkten kann in einem quadratischen Muster angeordnet werden.

Radius Die Strecke von der Mitte zum Rand eines Kreises.

Rechter Winkel Ein Winkel von 90°, zum Beispiel die Ecke eines Quadrats.

Skytale Ein zylindrisches Instrument zur Übermittlung verschlüsselter Nachrichten.

Smoot Ein Längenmaß von 1,702 m, benannt nach dem MIT-Studenten Oliver Smoot.

Symmetrie Bei einer symmetrischen Form sind beide Seiten gleich – eine Seite ist das Spiegelbild der anderen.

Tangram Ein Puzzle aus mehreren kleineren Formen, die eine große Form bilden.

Venn-Diagramm Ein Diagramm, das mit überlappenden Kreisen zeigt, wie Objekte in verschiedene Kategorien passen.

Verschlüsselung Prozess der Umwandlung einer Nachricht oder anderer Informationen in einen Code.

Vertikale Eine Linie oder Form, die wie ein Laternenpfahl von oben nach unten verläuft.

Ziffer Ein einzelnes Ganzzahlsymbol. In der Mathematik werden normalerweise die Ziffern 1, 2, 3, 4, 5, 6, 7, 8, 9 und 0 verwendet. Ziffern werden kombiniert, um andere größere Zahlen zu bilden.

LÖSUNGEN

S. 29: 1 2 4 8 16 32 64 (verdopple jedes Mal die Zahl)

1 4 9 16 25 36 (addiere jedes Mal eine um 2 erhöhte Zahl)

1 2 4 7 11 16 22 29 37 (addiere jedes Mal eine um 1 erhöhte Zahl)

0 1 1 2 3 5 8 13 21 34 (addiere immer die beiden vorangegangenen Zahlen)

S. 42:

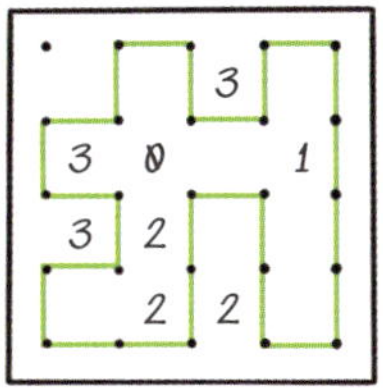

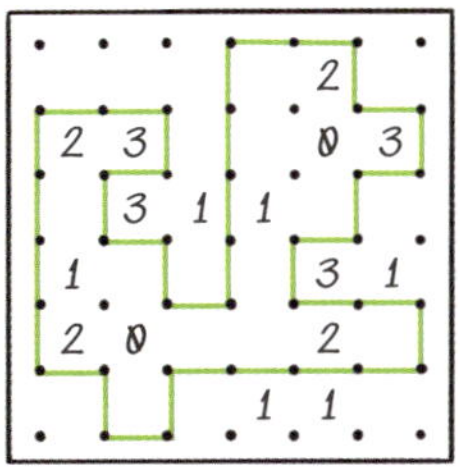

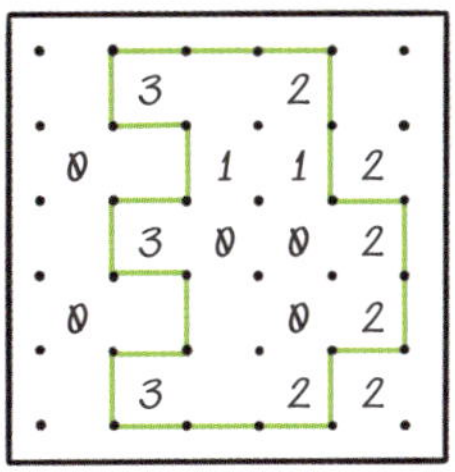

S. 43: (links)

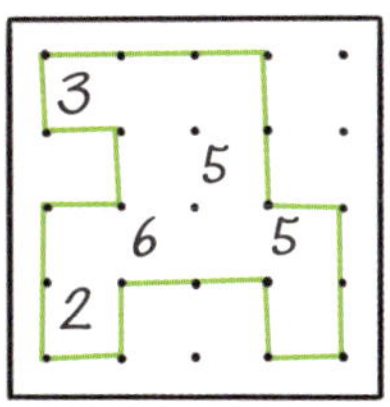

S. 43: (rechts)

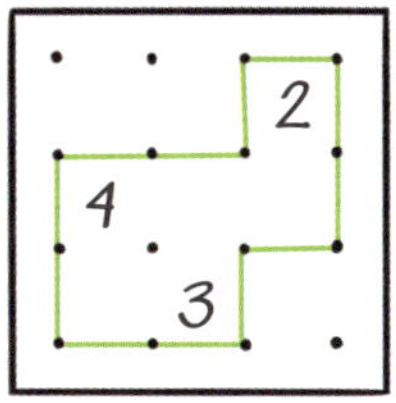

S. 45:

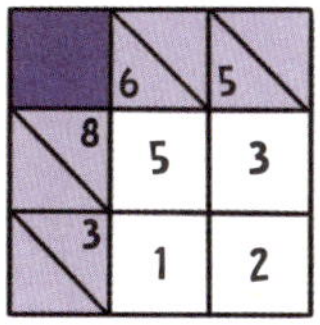

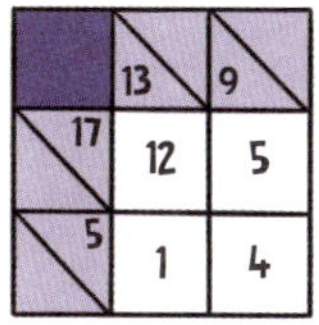

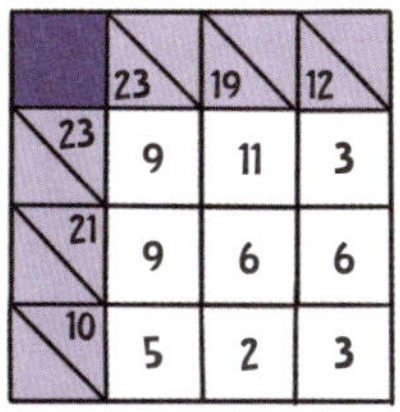

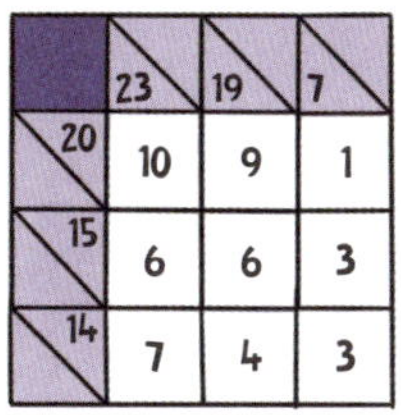

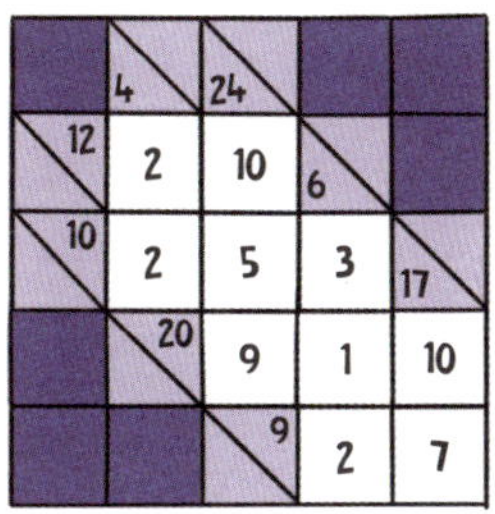

LÖSUNGEN

S. 46: Dreieck, Sechseck und das breite H ermöglichen Parkettierungen.

S. 47: Eine Parkettierung ist gemeinsam aus Pentagon und Raute möglich.

S. 55:

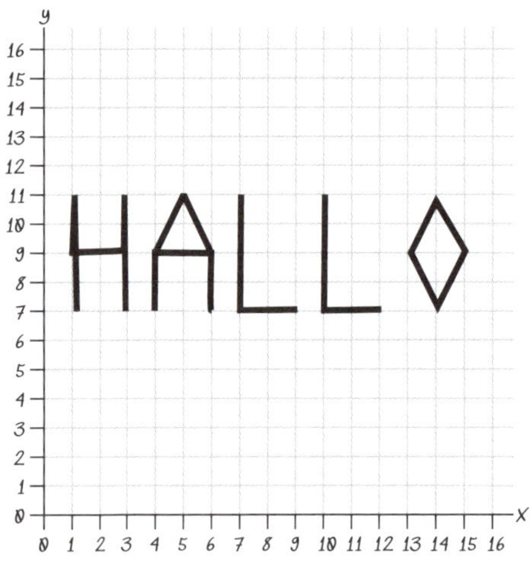

S. 57: Das Quadrat hat 38 Dreiecke, der Stern 34.

S. 59: 1b, 2d, 3c.

S. 80–81:

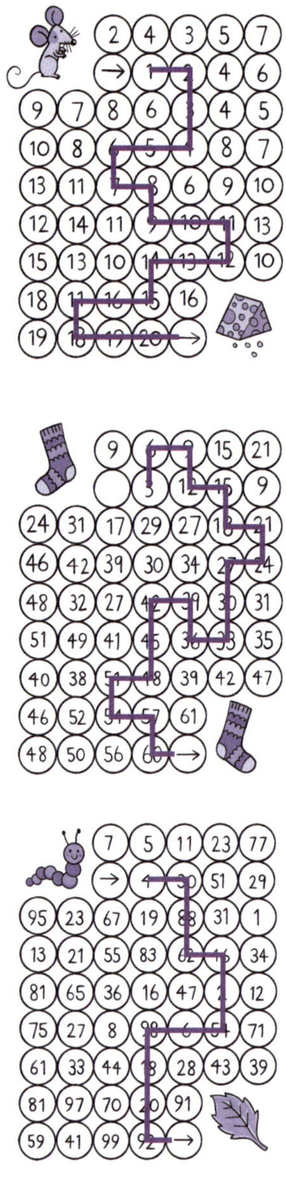